BAUSTEINE
für Musikerziehung und Musikpflege

BAUSTEINE

FÜR MUSIKERZIEHUNG UND MUSIKPFLEGE

SCHRIFTENREIHE

B 22

GÜNTHER BAUM

Abriß der Stimmphysiologie

mit Vorschlägen für die Stimmbildung

SCHOTT

Mainz · London · Madrid · New York · Paris · Tokyo · Toronto

Inhaltsverzeichnis

Vorwort

Diese Schrift ist in erster Linie für die angehenden Gesanglehrer gedacht, denen in den Vorbereitungsseminaren für die Staatliche Musiklehrer-Prüfung vermutlich die Physiologie der Stimme schon mündlich dargelegt wird (mit Physiologie wird die Funktionsweise der Organe bezeichnet, mit Anatomie ihre Beschaffenheit). Hier nun sollen sie eine Gedächtnisstütze haben, bei der ich mich bewußt auf das wirklich unerläßliche Minimum an physiologischem Wissen beschränkte, um das Ganze nicht durch allzu vieles Detail unübersichtlich zu machen. Mein Bemühen galt hauptsächlich möglichst leichter Verständlichkeit der nicht ganz einfachen Materie, deshalb gebrauchte ich auch durchweg die deutschen Bezeichnungen für die einzelnen Organe und setzte die medizinischen Fachausdrücke in Klammern dahinter.

Die von mir dargelegten physiologischen Fakten entnahm ich vornehmlich dem alten, aber in den Grundzügen noch heute anerkannten Buch von ERNST BARTH, ,,Einführung in die Physiologie, Pathologie und Hygiene der menschlichen Stimme'' (Leipzig 1911), dessen vorzügliche Formulierungen ich dann und wann übernahm, ohne das immer eigens zu erwähnen. Auch die meisten Abbildungen entstammen diesem Buch. Weiter zog ich heran: OTTO IRO, ,,Diagnostik und Pädagogik der Stimmbildung'' (Wiesbaden 1961), FRED HUSLER, ,,Singen. Die physiologische Natur des Stimmorganes'' (Mainz 1965), RAOUL HUSSON, ,,La voix chantée'' (Paris 1960), LUCHSINGER/REICH, ,,Stimmphysiologie und Stimmbildung'' (Wien 1951), FRANZISKA MARTIENSSEN-LOHMANN, ,,Der wissende Sänger'' (Zürich 1956) und PAUL LOHMANN, ,,Stimmfehler, Stimmberatung'' (Mainz 1938).

Die Vorschläge für die Stimmbildung, die ich aus eigenem beifügte, sind keineswegs Patentrezepte nach dem Motto ,,So und nicht anders lernt man gut singen'', sondern nur über viele Jahre hin als wirkungsvoll ausprobierte Mittel, den verschiedenen physiologischen Fakten und Erfordernissen gerecht zu werden — es lassen sich auch ganz andere, ebenso wirkungsvolle Mittel denken. Der junge, noch unerfahrene Gesanglehrer steht aber mitunter etwas ratlos vor gewissen Schwierigkeiten mit seinen Schülern, und dem sollen diese Vor-

schläge weiterhelfen, falls er sie benutzen will. Ich dachte, als ich sie nieder-
schrieb, nicht an die stimmbildnerische Arbeit mit Höchstbegabungen, die ja
so wunderselten sind, sondern an die mit durchschnittlichen, die gewöhnlich
vielerlei Fehlfunktionen mitbringen, aber, wenn diese beseitigt sind, durchaus
brauchbare Sänger werden können. Ich dachte auch daran, daß Studierenden
der Schul- und Kirchenmusik Gesangunterricht erteilt werden muß, deren
Stimmbesitz und Singbegabung nicht selten minimal sind, und es bedeutet für
den Lehrer dann eine ungewöhnlich schwierige, aber auch sehr reizvolle Aufgabe, diesen Stimmen doch wenigstens einigen Klang abzugewinnen.

Nicht einbezogen habe ich in meine Darlegungen die Behandlung der Kinderstimme, weil ich keine Erfahrung damit habe und weil in den beiden ,,Bau-
steine''-Bänden von *Paul Nitsche*, ,,Die Pflege der Kinderstimme'' (B 4/120)
alles Nötige darüber zu finden ist.

Berlin, 1972   *Günther Baum*

Einleitung:
Grundsätzliches zur sängerischen Körperform

Elastizität heißt der Grundbegriff, mit dem die sängerische Körpereinstellung zu kennzeichnen ist. Er steht genau in der Mitte zwischen Schlaffheit und Verkrampfung und meint eine feine Gespanntheit der gesamten Muskulatur, die sich ihrer im alltäglichen Leben immer dann bemächtigt, wenn der Mensch in der Bereitschaft steht, etwas Besonderes zu leisten. „Wie ein Läufer am Start", hat es Paul Lohmann einmal ausgedrückt — aber natürlich nicht in gebückter Haltung! Der leicht gespannte Muskel ist viel williger für größere Spannungsgrade als der erschlaffte. Das gilt auch für die Kehlmuskulatur, die ja zum Körper gehört und an dessen Gesamtbeschaffenheit, seinem Tonus, wie der medizinische Ausdruck lautet, teilhat.

Viel häufiger als Schlaffheit steht der Forderung nach Elastizität die Verkrampfung im Wege, ein Vielzuviel an körperlicher Aktivität, das der Sing-'Anfänger, meist ohne es zu wissen oder zu spüren, aufwendet. In solchen Fällen sind die weithin gebräuchlichen Lockerungsübungen durchaus am Platze, solange sie nicht zu völliger Schlaffheit führen. Droht diese Gefahr, dann muß wieder die nötige feine Spannung angestrebt werden. Verkrampfungen finden sich oft an Stellen, denen der Lehrer das gar nicht ohne weiteres ansieht: Schultern, Ellbogen, Hände. Sie während des Singens leicht bewegen zu lassen (Schultern locker heben und senken, Unterarme schwenken, Hände schütteln), kann oft schon Abhilfe schaffen. Besondere Beachtung verdient die Bauchdecke, die, wenn der Lehrer sie mit der Hand abtastet, erstaunliche Verhärtungen aufweisen kann. Wohl soll sie fein gestrafft sein, der Schüler soll „seinen Bauch an sich nehmen" mit einer als angenehm empfundenen Spannung nach innen-oben (nicht waagerecht nach hinten!), aber anfühlen soll sie sich immer noch nachgiebig, eben elastisch.

Die Straffung des ganzen Körpers nach oben stellt eine für das Singen glücklichere Körperform her als seine Schweretendenz nach unten, welche die Füße sich quasi in den Boden stemmen läßt. Diese Form ergibt sich aus einem sehr einfachen Experiment: der Schüler soll sich, mit dem Gesäß weit hinten, ganz faul und zusammengesunken auf einen Stuhl mit hartem Sitz setzen und

dabei den Druck seiner Schenkel auf diesen gut wahrzunehmen versuchen. Dann ergeht das Kommando: setz dich anständig hin! (aber ohne das Gesäß zu verrücken), und der Schüler wird deutlich spüren, wie sich der Druck seiner Schenkel auf den Sitz verringert. Er wird weiter spüren, daß seine Aufrichtbewegung im Kreuz ansetzt, daß er also in erster Linie seinen Rücken aufrichtet. Läßt man ihn nun aufstehen, ohne daß er diese aufgerichtete Haltung aufgeben darf, so ist die sängerische Körpereinstellung bereits vollzogen. Ist einer allzu ungeschickt und versteift seine Gliedmaßen, so muß er den Versuch so lange wiederholen, bis er das läßt. Es soll sich dabei möglichst bald ein Gefühl einstellen, als ruhe der Oberkörper in der Mitte einer Ebene, die waagerecht von der Magengrube nach hinten zu denken ist, ganz leicht auf dem Unterkörper auf. „Ganz leicht" bedeutet, daß auch die unteren Rippen nicht fest und unbeweglich im Gewebe stecken, sondern sich aus ihm herauslösen können, so daß der ganze Brustkorb sich nach oben strecken läßt. Dann scheint der Mensch leichter geworden bei voller Beweglichkeit von Armen und Beinen — für den Darsteller auf der Bühne von größter Wichtigkeit.
Das Körpergewicht ruht auf den Fußballen, so daß die Fersen immer mühelos vom Boden abgehoben werden können. Der Kopf sitzt sicher und gerade auf der Wirbelsäule auf — der das Rückgrat streckende Muskel reicht bis zu den

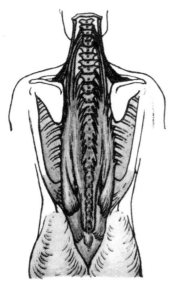

Halswirbeln (Abb. 1) —, er ist nach allen ihm möglichen Richtungen beweglich, hängt jedoch nicht haltlos nach vorn. Falls er sich in den Nacken legt, muß das ebenfalls korrigiert werden. Besonders zu achten ist auf einen völlig gelösten Gesichtsausdruck. Alles Stirnrunzeln oder Augenbrauen-Hochziehen deutet auf fehlerhafte Funktionen hauptsächlich der Atemführung hin, denen durch den Zwang zu einer ruhigen Stirn bereits ganz gut entgegengearbeitet werden kann.

Angemerkt sei noch Albrecht Thausings Feststellung von zwei Merkmalen, die einen Körper besonders zu kraftvollem Singen befähigen (in „Die Sängerstimme", Hamburg 1957): ein vorgewölbter Brustkorb und eine Weite

Abb. 1

10

der Kehlpartie, die sich daran erkennen läßt, daß die Linie von der Kinnspitze zur Halsgrube eine Schräge bildet. Sog. Knickhälse, bei denen dort ein Winkel von oft 90° zu sehen ist, sind meist ein Hindernis für eine befriedigende Sängerlaufbahn.

Die drei Hauptapparate

Obwohl die Funktionen der drei an der Stimmgebung (Phonation) haupt-beteiligten Faktoren: des Atemapparats, des tonerzeugenden Apparats (Kehl-kopf) und des Resonanzapparats ständig ineinanderspielen, ist es um der größeren Klarheit willen geraten, sie getrennt voneinander zu behandeln, wenn sich dabei auch immer wieder Hinweise von einem Kapitel ins andere notwendig machen werden.

Alle drei Faktoren haben das eine gemeinsam: sie wurden von der Natur nicht ausschließlich oder auch nur hauptsächlich zum Zwecke der Stimmerzeugung geschaffen wie das Ohr zur Aufnahme von Geräuschen aus der Umwelt, son-dern sie werden im Gegenteil bis heute in erster Linie für andere Zwecke benötigt. Das Atmen ist unerläßlich, um das Leben aufrechtzuerhalten; was wir heute Stimmlippen nennen, ist zunächst nur eine Verschlußvorrichtung, um das Eindringen von Fremdkörpern in den Luftraum zu verhüten, sie tritt einmal bei jedem Schluckakt in Tätigkeit, aber auch zur Bewältigung von mancherlei Kraftleistungen, für die der Druck der in der Lunge gestauten Luft hilfreich ist, beginnend mit dem Stuhlgang und endend bei den Preßwehen gebärender Frauen; die Mundhöhle mit den Zähnen dient der Zerkleinerung der Speise und ihrem Transport zur Speiseröhre hin, und die Nasenhöhle reinigt und erwärmt die Einatmungsluft, bevor sie durch Kehlkopf und Luft-röhre in die Lunge gelangt.

a) Der Atemapparat

Der Atemapparat wird begrenzt nach oben durch die Stimmlippen mit ihrer Verschlußfähigkeit, nach allen Seiten durch den Brustkorb und nach unten durch das Zwerchfell. Der Brustkorb besteht aus den Rippen und der zwi-schen ihnen liegenden Muskulatur: Zwischenrippenmuskulatur. Von den 12 Rippenpaaren, deren jedes im Rücken aus einem besonderen Wirbel der Wirbelsäule entspringt, endigen vorn sieben unmittelbar am Brustbein, das achte verläuft in das siebente, das neunte in das achte usw. Elftes und zwölftes Rippenpaar endigen frei. Die Rippen sind vorn und hinten gelenkig befestigt, so daß der Brustkorb seine Form verändern kann. Das Zwerchfell trennt die Brust- von der Bauchhöhle, es ist ein sehr kräftiger Muskel, der den Körper in seiner ganzen Breite durchzieht. Es setzt vorn am Ende des Brustbeins über dem Magen an und zieht sich bis ins Kreuz, wobei es in den Brustraum hinein kuppelförmig gewölbt ist.

Den Inhalt des so umgrenzten Raumes bilden die Lunge und das Herz, weswegen der linke Lungenflügel zwei, der rechte aber drei Lappen hat. Die Lunge ist ein schwammartiges Gewebe, das durch unzählige sich immer mehr verkleinernde und verengende Kanäle gebildet wird, die Bronchien. Sie endigen in trichterförmigen, sackartigen Erweiterungen, den Alveolen, durch die der Gasaustausch geschieht: hier tritt der eingeatmete Sauerstoff ins Blut über und wird von diesem durch den ganzen Körper getragen, während andererseits die durch den Verbrauch des Sauerstoffs entstehenden Rückstände, das Kohlendioxyd, dem Blut entnommen und ausgeatmet werden. Der gern gebrauchte Ausdruck „Bronchialbaum" meint einen umgekehrten Baum, dessen Stamm die Luftröhre bildet. Sie gabelt sich in Höhe des Brustbeinendes in die beiden Hauptbronchien, die sich dann bis zu den Alveolen hin immer mehr verzweigen. (Abb. 2)

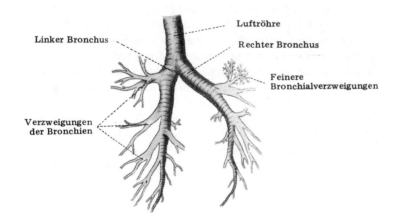

Abb. 2 *Verzweigung der Luftröhre (Bronchialbaum)*

13

Der Gasaustausch in der Lunge wird also durch Einatmung und Ausatmung bewirkt. Wenn ein Neugeborenes, das vor seiner Geburt durch die Nabelschnur vom mütterlichen Blut mit Sauerstoff versorgt worden war, von der Nabelschnur abgetrennt worden ist, muß das kohlendioxydhaltige Blut durch die Venen bis zu einem bestimmten Hirnzentrum gelangen, von dem aus dann erstmalig an das Zwerchfell der Befehl ergeht, sich zusammenzuziehen, zu kontrahieren. Dadurch wird der Lungenraum nach unten erweitert, und es entsteht in der Lunge ein Unterdruck, auf Grund dessen die Außenluft mit ihrem größeren Druck einströmen kann.

Das Zwerchfell ist der Hauptatemmuskel. Wenn es sich kontrahiert, flacht sich seine in den Brustraum hineinragende Kuppel mehr oder weniger ab, wodurch die unmittelbar unter ihm gelegenen Organe (Magen, Milz, Leber) sowie die Eingeweide verdrängt werden, nach vorn ausweichen und so die Bauchdecke nach außen treiben. Diese deutlich sichtbare Bauchdeckenbewegung ist also ein Sekundärvorgang, den das wesentlich höher gelegene Zwerchfell durch seine Kontraktion auslöst. Besonders auffällig zeichnen sich die Kontraktionen des Zwerchfells ab, wenn der Mensch liegt, dann wird hauptsächlich der Unterbauch bewegt und stark nach oben getrieben.

Wenn der Mensch aufrecht steht, treten für die Einatmung auch die Zwischenrippenmuskeln, die Rippenheber, in Tätigkeit, die durch ihre Kontraktion die Rippen anheben, und zwar die unteren Rippen am stärksten, während nach oben zu diese Rippenbewegung immer geringer wird (Abb. 3). Das Zwerchfell flacht seine Kuppel dabei etwas weniger ab als im Liegen aber der Brustkorb wird ja nun auch zusätzlich nach den Seiten erweitert. Die Bauchdeckenbewegung ist nicht mehr am Unterbauch, sondern oberhalb des Nabels bis hin zur Magengrube am stärksten, und das Weiten des unteren Brustkorbs tritt hinzu. Unglücklicherweise verschiebt sich aber schon im Verlauf der Kinderjahre das Verhältnis der beiden Einatmungsfaktoren auf Kosten der Zwerchfelltätigkeit zugunsten der Zwischenrippenmuskeln. Dadurch wird der Brustkorb mehr und mehr nach den Seiten und immer weniger auch nach unten erweitert, und der Einatmungsvorgang verliert entsprechend an Intensität: es wird dem Organismus weniger Sauerstoff zugeführt und ebenfalls weniger Kohlendioxyd abgenommen. Die Bauchdeckenbewegung nimmt deutlich ab und tritt weit hinter die des Brustkorbs zurück.

Glücklicherweise nur selten trifft man auf die ungesundeste Art der Atmung, bei der die mittleren und oberen Rippen bis hin zu den Schlüsselbeinen gehoben werden und auf Grund der nur geringen Bewegungsfähigkeit der oberen Rippen am wenigsten Luft ein- und ausgeatmet werden kann.

14

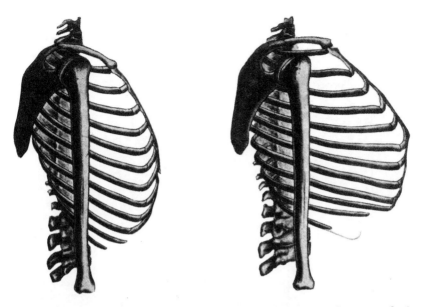

Abb.3 Brustkorb in Ruhelage   *Durch Hebung der Rippen erweiterter Brustkorb*

Gemäß den Lungenpartien, in welche die Einatmungsluft vorwiegend ein-strömt, unterscheidet man vier Atemtypen:

Bauchatmung (abdominale Atmung)

Brustatmung (costale Atmung)

Schlüsselbeinatmung (claviculare Atmung) und

schließlich kombinierte Brust-Bauch-Atmung (costo-abdominale A.) (Abb. 4). Von diesen ist die letztgenannte die wirkungsvollste sowohl für die Gesund-heit wie für das Singen, weil sie die größte Ausdehnung des Luftraums und damit die Zufuhr einer größeren Luftmenge bewirkt. Bei Brust- und Schlüssel-beinatmung bleiben mehr oder weniger große Teile der Lunge sozusagen un-gelüftet, und die dort abgelagerten Rückstände werden nicht entfernt.

Neuerdings wird auch die Rückenatmung stärker betont (Husler), und es ist in der Tat nicht einzusehen, warum nur die vordere und nicht auch die hintere Hälfte der Lunge in die Betrachtung einbezogen wird. Der Atem soll dabei also wesentlich in die hinteren Lungenpartien dirigiert werden, die Bewegun-gen der Bauchdecke nehmen ab, und es läßt sich, wenn man die Hand auf die weichen Stellen hinten unter den letzten Rippen auflegt, dort deutlich eine

15

mehr oder weniger kraftvolle Ausweitung spüren, vor allem bei Menschen, an denen sich keine oder nur eine geringe Bauchdecken- und Rippenbewegung feststellen läßt. Wo keine solchen Ausweitungen im Stehen zu ertasten sind, lasse man den Schüler sich bei durchgedrückten Knien tief bücken, dann wird sie sich mit Sicherheit einstellen.

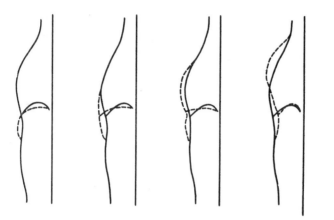

Abb. 4
Atemtypen, von links nach rechts: reine Bauchatmung; leicht verringerte Bauchatmung; kombinierte Brust-Bauch-Atmung; reine Brustatmung

Neben den Atemtypen ist die Kenntnis von den Atemmengen am wichtigsten. Die Luftmenge, die in der Ruhestellung der Stimmlippen, also wenn weder gesprochen noch gesungen wird, und bei normaler Atmung jeweils ein- und ausgeatmet wird, beträgt 500 ccm. Es können aber nach einer solchen Normaleinatmung, ohne daß zwischendurch ausgeatmet würde, zusätzlich 1500 ccm nachgesogen werden, die sog. Ergänzungsluft. Andererseits können unmittelbar im Anschluß an eine Normalausatmung weitere 1500 ccm nachgeblasen werden, die als Vorratsluft in der Lunge vorhanden waren. Diese drei Posten

Atmungsluft	500 ccm
Ergänzungsluft	1500 ccm
Vorratsluft	1500 ccm
	3500 ccm

bilden die sog. Vitalkapazität der Lunge. Zu ihr kommen noch 1500 ccm Residualluft, die immer in der Lunge sein müssen, wenn nicht Erstickung eintreten soll. Dabei sind nicht so sehr die absoluten Zahlen interessant — sie weichen sowohl bei den Geschlechtern wie auch bei den einzelnen Menschen nicht unerheblich voneinander ab — als ihr Verhältnis zueinander, insbesondere die Tatsache, daß in der Lunge nach einer Normalausatmung noch einmal das Dreifache des soeben ausgeatmeten Quantums zurückbleibt und verwendet werden kann.

Die Frage, ob durch die Nase oder durch den Mund eingeatmet werden soll, beantwortet sich nach der Zeit, die dafür zur Verfügung steht: ist sie lang genug, soll aus hygienischen Gründen der Weg durch die Nase benutzt werden, reicht sie dafür nicht aus, dann der durch den Mund. Ob dabei gleichzeitig Luft auch durch die Nase mit einströmt, ist m.E. ohne Belang.

Findet bei einem Schüler (oder Chormitglied) die Atmung sichtlich vorwiegend im Bereich des Brustkorbs statt, so muß versucht werden, die Mittätigkeit des Zwerchfells zu steigern. Dafür, dem Schüler erst einmal im eigenen Körper das Gefühl zu geben, das durch Zwerchfelltätigkeit entsteht, ist ein probates Mittel das Schnuppern, also mehrere unmittelbar aufeinander folgende kleine Einatmungszüge durch die Nase, bei denen deutlich Zuckungen an der oberen Bauchdecke fühlbar werden. Als in gleicher Weise wirkend wird gern das Hecheln empfohlen, also kleinste, schnellstens einander ablösende Ein- und Ausatmungen durch den Mund mit den entsprechenden Bauchdeckenbewegungen, wie sie bei schwitzenden Hunden so gut zu beobachten sind. Leider lehrt die Erfahrung, daß sehr schwache oder sehr versteifte, jedenfalls hochgradig unelastische Zwerchfelle einfach nicht imstande sind zu hecheln, während das Schnuppern auch in solchen Fällen meist gelingt. Auch muß beim Hecheln unbedingt auf absolute Gleichmäßigkeit der schnellen Ein- und Ausatmungen geachtet werden. Notfalls ist das Tempo von deren Aufeinanderfolge so weit zu mäßigen, bis volle Gleichmäßigkeit erzielt wird.

Ein Mittel, auch bei einem kontinuierlichen Einatmungszug zu gesteigerter Zwerchfelltätigkeit zu gelangen, ist die Vorstellung, dabei nicht Luft, sondern Duft einzuatmen, und zwar einen möglichst zarten Duft. Dann strömt ein sehr schwacher Luftstrom bei geweiteten Nasenflügeln meist unhörbar tief unten in die Lunge ein. Übungen, in denen jeweils eine genügend große Zahl von zu singenden Tönen, um eine erneute Einatmung zu rechtfertigen, mit genügend langen Pausen für die Einatmung abwechseln, helfen den Vorgang automatisieren, also etwa sechs langsame Viertel singen und daran zwei ebenso langsame Pausenviertel anschließen, wobei die Einatmung bei geschlossenem Mund am Ende des sechsten Tones einzusetzen hat. Auch hier ist auf Geräuschlosigkeit der Einatmung zu achten. Genügen sechs Töne nicht, um ein gewisses Bedürfnis nach erneuter Einatmung zu wecken, so müssen eben acht oder neun Töne gesungen werden.

Andererseits steigert es auch die Zwerchfelltätigkeit, wenn bei der Einatmung die Nasenflügel zusammengezogen werden. Dabei entsteht zwar ein störendes schniefendes Geräusch, so daß dieses Mittel während des Singens nicht angewendet werden kann, aber die Einwirkung auf das Zwerchfell wird den Schülern unverkennbar deutlich.

Um den Vorgang einzuüben, der nötig ist, wenn wegen der Kürze der zur Verfügung stehenden Zeit durch den Mund eingeatmet werden muß, dient die Vorstellung eines leichten freudigen Erschreckens, bei dem meist ebenfalls ein kleiner Ruck in der oberen Bauchdecke erfolgt. Verkürzt man also in der oben dargelegten Übung die Zeit für das Atmen erst auf nur ein Viertel, wobei der Mund nicht geschlossen werden soll, um sie schließlich ganz wegzulassen, so kann man gut kontrollieren, ob die Atmung auch dann korrekt bleibt. Eine Hilfe dafür ist es, den letzten Ton der zu singenden Phrase kräftig zu stakkatieren. Davon geht eine Sogwirkung aus, und der Atem schlüpft wie von selbst in die Lunge ein, ohne daß eigens „Luft geholt" werden müßte.

Solche Atemkorrekturen erfordern meist viel Zeit und Geduld auf Seiten des Lehrers wie des Schülers und dürfen nie aus dem Auge verloren werden. Man kann sie auch an Hand von Liedern oder kleinen Arien betreiben, indem man die Pausen für die Einatmung zunächst willkürlich verlängert und den Schüler sich gerade auf diese Momente und die Korrektheit seiner Atmung besonders konzentrieren läßt, während sonst die Atmung meist völlig unkontrolliert und dadurch unkorrekt verläuft. Vor allem sollte darauf geachtet werden, daß vor Beginn eines Stückes oder nach Zwischenspielen und längeren Pausen nicht unmittelbar vor dem Stimmeinsatz kurz und ruckartig eingeatmet wird, sondern so rechtzeitig, daß die Luft in dünnem, geräuschlosem Strom tief nach unten einfließen kann. Der Stimmeinsatz soll dann mitten in diesen Einatmungsstrom hinein geschehen, damit sich die Stimmritze nicht vorher noch schließt und Glottisschlag entsteht (s. S. 26).

In der Lunge gehen noch sog. akzessorische (hinzutretende) Atembewegungen vor sich, denn nicht dieselbe Luft, die soeben eingeatmet wurde, wird danach gleich wieder ausgeatmet. Erst muß der Gasaustausch vollzogen sein, der einige Zeit erfordert. Man kann sich das in etwa wie einen Paternoster-Aufzug vorstellen, in dem die einzelnen Kabinen etagenweise nach oben gelangen. Auf der obersten Etage wäre dann die von Sauerstoff entleerte und dafür kohlendioxydhaltige Luft zu denken, die nunmehr ausgeatmet wird.

Die Ausatmung geschieht im wesentlichen dadurch, daß die bei der Einatmung aktiv gespannten Muskeln sich allmählich wieder entspannen und Zwerchfell wie Rippen langsam in ihre Ruhelage zurückkehren. Eine aktive Muskeltätigkeit tritt bei der Ausatmung erst dann auf, wenn besonders viel ausgeatmet werden soll; dann drückт die in der Bauchdecke gelegene Muskulatur die Eingeweide nach oben gegen das Zwerchfell und preßt die Lunge sozusagen zusätzlich aus.

Für das Singen kommt den Atmungsvorgängen stärkste Bedeutung zu, vor allem deshalb, weil in so gut wie allen Laiensängern die Vorstellung herrscht, man müsse nur möglichst viel einatmen und dann auch möglichst viel Luft gegen die Stimmlippen treiben, um den gewünschten Erfolg zu erzielen. Sie wissen nicht, daß jedes aktive oder gar gewaltsame Vorgehen mit Luft gegen die Stimmlippen diese rasch ermüdet und schließlich ernsthaft schädigt. Diese falsche Vorstellung gilt es vor allem auszuräumen und an ihre Stelle die richtige zu setzen, daß nämlich der Stimmklang sich ganz von selbst auf der Außenluft fortpflanzt und nicht durch den Atem fortgeblasen zu werden braucht. Meine Kurzformel dafür lautet: Ton geht fort, Luft bleibt da. Werden die Vorgänge durch diese Vorstellung gesteuert, so entfällt zunächst die übertrieben reichliche Einatmung, vor allem dann, wenn auf das Vorhandensein der 1500 ccm Vorratsluft verwiesen wird, die für das Singen zur Verfügung stehen. Es ist förderlich, den Schülern zu zeigen, daß noch ganz lange musikalische Phrasen gesungen werden können, wenn vorher nicht ein-, sondern im Gegenteil eine Kleinigkeit ausgeatmet wurde. Für die Einatmung beim Singen kann also die Formel gelten: wenig Atem tief versammeln, denn unter „tief einatmen" wird gewöhnlich viel einatmen verstanden. Ein sog. langer Atem, der auch sehr lange Phrasen mühelos überspannt, beruht nicht auf der Reichlichkeit der Einatmung, sondern auf der Sparsamkeit der Luftabgabe.

Es verdient hier unbedingt der französische Neurologe und Stimmforscher Raoul Husson Erwähnung, auch wenn seine Hauptthese inzwischen widerlegt worden ist. Er glaubte, auf Grund gewisser Ergebnisse von Untersuchungen der Struktur der Stimmlippen (die sich aber später als falsch erwiesen) und auf Grund eigener neurologischer Forschungen die von jeher gültige These außer Kraft setzen zu können, daß die Stimmlippen beim Tönen durch den Andrang des Atems aus der Lunge in Schwingungen versetzt werden, selbst also dabei passiv bleiben. Seine Gegenthese lautete: was als Schwingungen angenommen wird, sind in Wirklichkeit schnellste aktive Kontraktionen querverlaufender Fasern im Stimmuskel, hervorgerufen durch die Einwirkung des die Kehlkopftätigkeit steuernden Nervs, des nervus recurrens (s. S. 62). Es brauche also nur vom dazugehörigen Gehirnzentrum aus der entsprechende Befehl über den Nerv an die Stimmlippen zu ergehen, um in diesen die aktiven Kontraktionen schlagartig einsetzen zu lassen, ohne daß es eines Luftantriebs aus der Lunge bedürfe. Wie gesagt, diese These ließ sich nicht halten, aber als Arbeitshypothese in der Stimmbildung finde ich sie außerordentlich günstig. Man kann dann dem Schüler sagen: kümmere dich beim Singen nicht um deine Atemluft, der Ton nimmt sich selbst genau die Menge, die er braucht. Viele junge Sänger mit besonderer Lust an der Kraftentfaltung operieren mit einem Luftstau im oberen Brustkorb, der ihnen ein körperliches Kraftgefühl vermittelt und sie fälschlich annehmen läßt, die Stimme werde dadurch auch besonders kraftvoll: man mache die Probe aufs Exempel in einem großen Raum! Außerdem wird dadurch ein Abschwellen des Tones unmöglich gemacht. Dieser Luftstau ist häufig so eingewöhnt, daß er gar nicht als solcher wahrgenommen wird, und doch soll im oberen Brustkorb möglichst das Gefühl herrschen, er sei leer und der möglichst geringe Atemstrom fließe ungehindert durch ihn hindurch. Der mit dem Stau produzierte Ton wird beim empfindsamen Hörer stets den Eindruck erwecken, als schöbe ihn der Singende mühsam vor sich her, wohingegen bei Fortfall dieses Staus der Eindruck entsteht, als ströme die Stimme ganz von allein und ohne daß der Singende nachzuhelfen braucht, in den Raum. Meine Definition für gutes Singen lautet deshalb: strömender Wohllaut.

Sparsamkeit der Atemabgabe also ist die Voraussetzung für einen langen Atem. Dabei haben Untersuchungen verschiedener Art, zuletzt noch von Luchsinger, ergeben, daß der Atemverbrauch von Fall zu Fall auch bei guten und im Beruf stehenden Sängern sehr verschieden groß sein kann – es gibt da also keine Norm. Wenn aber der Atem auch nach einer korrekten Einatmung nach einigen wenigen Tönen erschöpft ist, muß Abhilfe geschaffen werden. Meist entweicht er dann haltlos, was sich nicht einmal an überhauchten Tönen bemerkbar zu machen braucht, aber man kann mit der leicht auf die Magengrube aufgelegten Hand deutlich wahrnehmen, wie sie beim Toneinsatz sofort wieder zurückweicht, ein Beweis dafür, daß das Zwerchfell seine Spannung nicht halten kann, sondern unmittelbar wieder in die Ruhelage zurückstrebt. Daß es aber seine Spannung möglichst lange halten und dann nur ganz allmählich aufgeben soll, ist eine Forderung, die schon die alten Italiener aufstellten und in die Worte faßten, der Sänger solle beim Singen „in der Einatmungsstellung verharren". Heute ist dafür der Terminus Atem- oder auch Zwerchfellstütze gebräuchlich, eine Definition dafür, die eine Gruppe Berliner Stimmbildner formulierte, wurde von Fritz Winckel in Luchsinger/Arnolds „Lehrbuch der Stimm- und Sprachstörungen" mitgeteilt: „Stütze ist der Halt, den die Einatmungsmuskulatur dem Zusammensinken des Atembehälters entgegensetzt".

Da das Zwerchfell nicht zu fühlen und auch nicht willkürlich zu beeinflussen ist, kann der Vorgang des Sich-Spannens bei der Einatmung und die Dauer seines Gespanntbleibens nur an dem Hervortreten der oberen Bauchdecke festgestellt werden. Man kann dieses Gespanntbleiben gut daran demonstrieren, daß man den Schüler leicht einatmen und danach die Luft anhalten läßt, was aber keinesfalls durch Verschluß der Stimmritze geschehen darf: die nach einigen Sekunden einsetzende Ausatmung muß also ohne das leiseste Knackgeräusch erfolgen. Leider gelingt es aber dann oft nicht, die Spannung im Zwerchfell auch beim Singen aufrechtzuerhalten – es weicht wieder rasch in die Ruhelage zurück. Auch hier können nur Beharrlichkeit und Geduld zu allmählicher Besserung führen – oft braucht es Jahre, bis sie sich in befriedigendem Maße einstellt.

Ein gutgemeintes, aber völlig ungeeignetes Hilfsmittel wird manchmal versucht: die Bauchdecke gewaltsam nach außen gepreßt zu halten. Dadurch verkrampft sich die Muskulatur der oberen Bauchdecke, was sich immer auch in einer versteiften Tongebung niederschlägt und gegen das oberste Gesetz des Körperzustandes beim Singen verstößt, das der Elastizität. Ist dieser Fehler eingewurzelt, empfiehlt sich die Anwendung der Rückenatmung (s. S. 15). „Die Atmung während der Stimmgebung soll ohne Steifigkeit und ohne Kraft, sondern mit angepaßter Weichheit und Festigkeit ausgeführt werden", sagt der französische Stimmforscher Tarneaud (zitiert nach Luchsinger). Elastizität muß also unbedingt gewahrt bleiben, weshalb es auch nicht ratsam ist, den Schüler auf einen Atem Phrasen von einer Länge singen zu lassen, die er nicht zwanglos, sondern nur mit äußerster Mühe bewältigt. Dann ist das Zwerchfell meist allzu sehr erschlafft, und es gehört viel mehr Kraftaufwand dazu, es für die nächste Einatmung erneut in Spannung zu versetzen, als wenn ein gewisser Rest seiner Spannung erhalten geblieben ist. Auch verkrampft sich dabei leicht die untere Bauchdeckenmuskulatur, und es fehlt häufig an Zeit (Pausen), sie sich wieder lockern zu lassen. Anzuraten ist deshalb die Technik der kleinen, möglichst unauffälligen und geräuschlosen Hilfsatemzüge an musikalisch wie deklamatorisch dafür geeigneten Stellen, sie beeinträchtigen die Elastizität nicht, im Gegenteil, sie fördern sie und trainieren gleichzeitig die Spannkraft des Zwerchfells, so daß viele davon mit der Zeit wieder entfallen können.

Die höchste Elastizität des Zwerchfells ist erreicht, wenn es zu sogenannten paradoxen Atembewegungen fähig ist, d.h. wenn es sich während des Singens, das ja immer Ausatmung bedeutet, kontrahieren kann, hauptsächlich bei hohen Tönen. Dadurch wird die in der Lunge befindliche Luft quasi nach unten gesogen (Iro prägte denn auch den Ausdruck „Saugstütze"), damit sie nicht im Übermaß auf die Stimmlippen zuströmt. Läßt man aufwärts führende Tonfolgen mit dem Zwang absolut gleichbleibender Atemabgabe singen, wird sich dieser Effekt im Zwerchfell bald einstellen. Zu paradoxen Atembewegungen ist auch der Brustkorb imstande, indem er sich während des Singens hebt und so ebenfalls verhindert, daß zuviel Luft auf die Stimmlippen strömt. Das ist schwieriger zu erreichen als die paradoxen Atembewegungen des Zwerchfells, weshalb sich Vorübungen empfehlen: der Schüler atme kräftig aus, rücke seinen Brustkorb bei angehaltenem Atem nach oben und atme erst danach wieder ein.

Weiter kann es nützlich sein, den Schüler die Fingerspitzen einer Hand auf das Brustbein legen und dann leise zischen zu lassen, wobei sich das Brustbein gegen die aufgelegten Fingerspitzen heben soll. „Stütze" in diesem Sinne ist also etwas Bewegliches, nichts Feststehendes. Gelingt sie, dann lassen sich auch die folgenden Sätze Luchsingers verwirklichen, auf die nicht eindringlich genug hingewiesen werden kann: „Einer der häufigsten Atemfehler wird beim Singen hoher Töne gemacht, wo der Ausführende der irrigen Meinung ist, man müsse viel mehr Luft für die Höhe als für die Tiefe haben, während das genaue Gegenteil der Fall ist. Die überschüssige Luft macht die Töne schwer, unfrei; die Venen des Halses werden überfüllt, und die Stimmlippen leiden infolgedessen an Überspannung."

b) Der tonerzeugende Apparat

Bei der Erwähnung des Wortes „Bronchialbaum" (s. S. 13) wurde die Luftröhre als dessen Stamm bezeichnet, der sich in die beiden Hauptbronchien gabelt. Die Luftröhre besteht aus Knorpelringen, deren Zahl bei den einzelnen Menschen verschieden groß ist (15—20), und zwischen ihnen befindlichen elastischen Fasern und Muskelfasern, durch welche die starke Veränderlichkeit ihrer Länge zwischen maximal 27 cm und minimal 9,5 cm erzielt wird. Diese Ringe sind jedoch nicht geschlossen, sondern mehr hufeisenförmig, ihr hinterer Abschnitt ist knorpelfrei und dafür um so muskulärer. Er bildet gleichzeitig die Vorderwand der Speiseröhre.

Der oberste Knorpelring der Luftröhre ist mit dem untersten Teil des Knorpelgerüstes des Kehlkopfs (larynx) identisch und wird Ringknorpel genannt (cartilago cricoidea). Dieser Ringknorpel hat etwa die Form eines Siegelrings, bei welchem der Ringbogen nach vorn zeigt und die Siegelplatte nach hinten. (Abb. 5) Die Siegelplatte weist zweimal zwei sog. Artikulationsstellen auf,

Abb. 5

Ringknorpel (von vorn gesehen) nach v. Luschka.

Ringknorpel (von hinten gesehen) nach v. Luschka.

zwei auf ihr weiter oben, zwei weiter unten gelegen, und es sind darunter Stellen zu verstehen, an denen andere Organe aufsitzen, so auf den unteren der Schildknorpel (cartilago thyreoidea) mit seinen unteren Hörnern (Abb. 6). Der Schildknorpel ist der größte der Kehlkopfknorpel und umschließt schützend das Kehlkopfinnere nach vorn. Er besteht aus zwei symmetrischen Platten, die vorn in einem stumpfen Winkel zusammenstoßen. An seinem oberen Teil befindet sich eine ziemlich tiefe Kerbe, deren untere Begrenzung weiter nach vorn herausragt als der untere Teil des Knorpels und bei Männern meist als Adamsapfel deutlich erkennbar ist. Außer den beiden unteren Hörnern, die auf den unteren Artikulationsstellen des Ringknorpels gelenkig aufsitzen, hat er auch zwei obere und wesentlich längere Hörner, an denen Muskelzüge ansetzen. Unmittelbar unter der tiefen Kerbe am Oberteil des Schildknorpels sind

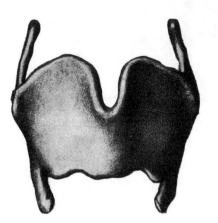

Abb. 6

ınnen die beiden Stimmlippen fest angewachsen und verlaufen etwa waagerecht zu den Stellknorpeln (cartilagines arytaenoideae).

Die Stellknorpel, auch Ary- oder Gießbeckenknorpel genannt, sind zwei höchst verzwickte, etwa pyramidenförmige Gebilde, die auf den oberen Artikulationsstellen des Ringknorpels gelenkig aufsitzen. Jeder von ihnen hat unten zwei knorpelige Vorsprünge, von denen die nach hinten gerichteten processus musculares = Muskelvorsprünge genannt werden, und das deshalb, weil an ihnen die Muskeln ansetzen, durch welche die Stellung dieser Knorpel verändert werden kann. Die nach vorn gerichteten Vorsprünge heißen processus vocales = Stimmvorsprünge, weil die beiden Stimmuskeln (musculi vocales) vom Schildknorpel her in sie einmünden (Abb. 7).

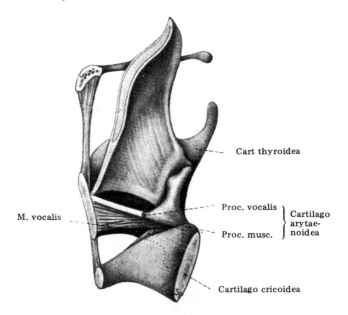

Abb. 7 *Sagittalschnitt durch das Kehlkopfgerüst mit Lage des Stimmbandes*

Die besondere Aufgabe der Stellknorpel besteht darin, die Form der Stimmritze zu verändern, indem sie durch verschiedene Muskelzüge, die an ihren Muskelvorsprüngen ansetzen, die Stimmvorsprünge sowohl nach außen wie nach innen drehen und sich auch selbst gänzlich aneinanderlegen lassen (Abb. 8).

24

Mit dem Wort Stimmritze (Glottis) wird also vornehmlich der jeweilige Zwischenraum zwischen den beiden Stimmlippen bezeichnet, der bei ruhigem Atmen, wenn nicht phoniert wird, die Form eines spitzwinkligen, gleich-

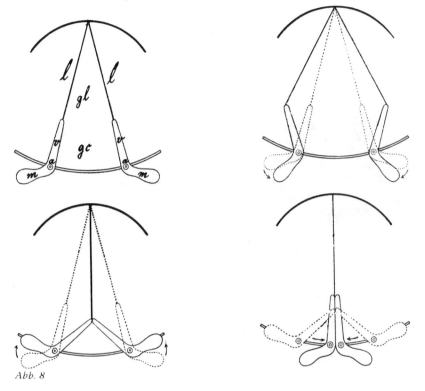

Abb. 8

schenkligen Dreiecks hat. Werden nun die beiden Muskelvorsprünge der Stellknorpel nach innen bewegt, so kippen die Stimmvorsprünge nach außen, und die Glottis bekommt die Form eines weit offenen Fünfecks, wobei die Stimmlippen bis unter die Taschenlippen (s. S. 46) gezogen werden können. Dies geschieht bei besonders kraftvoller, doch geräuschloser Einatmung. Werden die Muskelvorsprünge der Stellknorpel nach außen bewegt, dann können die Stimmvorsprunge so weit nach innen kippen, daß ihre Spitzen sich berühren und die Stimmlippen sich schließen, während als Glottis nur ein kleines stumpfwinkliges Dreieck zwischen ihnen offen bleibt. Damit wird die Flüsterstellung erzielt, bei der noch Atmungsluft den Kehlkopf passieren können muß, die Stimmlippen aber um ihres Verschlusses willen nicht in Schwingungen geraten und also nicht tönen können. Rücken nun noch die beiden Stellknorpel selbst fest aneinander, so ist der Vollverschluß der Stimmritze erreicht, wie er einmal bei jedem Schluckakt, dann aber auch bei mancherlei Kraftleistungen eintritt.

Soll phoniert werden, so nähern sich Stimmlippen und Stimmvorsprünge einander bis auf einen spindelförmigen oder linearen Spalt an (Abb. 9) und können nun durch den aufsteigenden Luftstrom zum Schwingen gebracht werden. Nur wenn diese beiden Vorgänge: Annäherungsbewegung von Stimmlippen + Stellknorpeln sowie Aufsteigen des Luftstroms gleichzeitig geschehen, gelingt der einzig wünschenswerte, weil auch ästhetisch befriedigendste weiche oder auch feste Stimmeinsatz, d.h. die Stimme klingt sofort ohne vorangehendes Knack- oder Hauchgeräusch frei und klar auf. Geht das Aufsteigen des Luftstroms der Annäherungsbewegung im Kehlkopf voraus, so muß

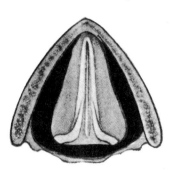

Abb. 9 Zum Tönen verengte Glottis – Glottis phonatoria

die Atemluft so lange als tonloser Hauch entweichen, bis sich die Stimmlippen einander weit genug genähert haben, um in Schwingungen geraten zu können: es entsteht der hauchige Einsatz. Geschieht die Annäherungsbewegung vor dem Aufsteigen des Luftstroms, so bleibt es nicht bei dieser, sondern es tritt Vollverschluß der Stimmritze ein, der durch den aufsteigenden Luftstrom erst wieder gesprengt werden muß. Der Ton setzt dann mit einem harten, knackenden Geräusch ein, dem sog. Glottisschlag, der im Gesang allgemein verpönt ist.

Dabei muß angemerkt werden, daß die deutsche Sprache den leichten Glottisschlag quasi als 25. Buchstaben des Alphabets enthält, wie jeder beim Aussprechen von „ach" oder „aber" feststellen kann. Im Singen bleibt es jedoch oft nicht bei einem leichten Glottisschlag, um die nur leicht aneinanderliegenden Stimmlippen zu öffnen, sondern die fest aneinander liegenden Stimmlippen müssen mit einer gewissen Kraft auseinandergesprengt werden. Das schadet dem Stimmapparat je länger je mehr, kann seine Funktionen bedenklich stören und führt leicht zu den gefürchteten Sängerknötchen, kleinen gutartigen Wucherungen wie Schwielen, die Stecknadelkopfgröße erreichen können und die Verschlußphase der Stimmlippen (s. S. 28) beeinträchtigen, so daß das Piano und die Höhe hörbar leiden. Diese Knötchen bilden sich immer in der vorderen Hälfte der Stimmlippen an deren freien Rändern, oft auch nur an einer. In leichteren Fällen gehen sie bei längerer absoluter Stimmruhe von allein wieder zurück, andernfalls müssen sie operativ entfernt werden. Sie drohen außer bei anhaltender falscher und d.h. zu gewaltsamer Stimmbehandlung auch dann aufzutreten, wenn wegen irgendeiner Indisposition die Stimme nicht leicht anspricht und der Singende dadurch zu vermehrtem Druck auf die Stimmlippen verführt wird.

Es sollte sich deshalb jeder zur Regel machen, im Falle von Indispositionen keinesfalls öffentlich zu singen, so schmerzlich eine Absage oft für den Sänger wie für den Veranstalter ist. Tut ein Sänger es doch und hat er dabei das Glück, ohne Knötchenbildung davonzukommen, so wird seine Leistung jedenfalls stark gemindert sein. Besser nicht gesungen als schlecht gesungen, sei die Devise. – Ein Schüler, bei dem sich ein Knötchen gebildet hat, setzt am besten mit Singen aus, bis es unter ärztlicher Betreuung wieder verschwunden ist.

Die romanischen Sprachen kennen weder den Glottisschlag noch den Hauch in Form eines hörbaren h, und das dürfte der Grund sein, weswegen Manuel Garcia, der berühmteste Stimmbildner des 19. Jahrhunderts, das Üben des Glottisschlages empfahl.

Zum Knorpelaufbau des Kehlkopfes gehört auch der Kehldeckel (epiglottis), der löffelförmig, mit dem Stil nach unten von der Kerbe des Schildknorpels vorn im Halse bis in den Kehlrachenraum (s. S. 47) hinaufragt. Er bildet eine zusätzliche zum Stimmritzenverschluß hinzutretende Schutzvorrichtung gegen das Eindringen von Fremdkörpern in den Luftraum, indem er beim Schluckakt nach hinten kippt und die gekaute Speise über ihn hinweg den Weg zur Speiseröhre findet. Diese Kippbewegung vollzieht sich passiv im Gefolge von Bewegungen des Schildknorpels und des Zungenbeins, mit denen beiden er durch Bindegewebe verbunden ist. Eigene aktive Bewegungen kann der Kehldeckel nicht ausführen, weshalb er bei der Darlegung der Stimmphysiologie nicht weiter beachtet zu werden braucht. (Abb. 10) Das Zungenbein ist ein selbständiger, oberhalb des Kehlkopfs gelegener Knochen, den starke Muskelzüge nach oben wie nach unten bewegen können. Von ihm wird später noch die Rede sein (s. S. 38).

Der für die Stimmgebung wichtigste Muskel ist der Stimmuskel (musculus vocalis), der, von Schleimhaut umkleidet und fest mit ihr verwachsen, die Hauptmasse der Stimmlippe bildet. Er läuft von der Schildknorpel-Kerbe zu den Stimmvorsprüngen des Stellknorpels und wird in einen inneren, der Stimmritze zu gelegenen und in einen äußeren Teil aufgegliedert, jedoch besteht anatomisch zwischen beiden keine scharfe Trennung. Der Ausdruck Stimmlippe hat die Bezeichnung Stimmband fast völlig abgelöst, da seine Form nicht flach, sondern prismatisch ist. Über den histologischen Aufbau des Stimmuskels, d.h. insbesondere über die verschiedenen Richtungen, in denen die ihn bildenden Fasern verlaufen, ist in den letzten Jahrzehnten viel geforscht worden, ohne daß es zu endgültigen Resultaten gekommen wäre. Deshalb sei darüber hier nichts weiter mitgeteilt.

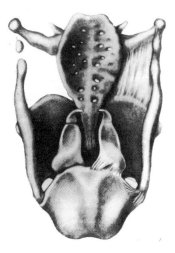

Abb. 10 Kehldeckel

Die Schwingungen der Stimmlippen, vom aufsteigenden Luftstrom erregt, gehen auf zweierlei Weise vor sich. Einmal und wohl vorwiegend verlaufen sie gegenschlagend in waagerechter Richtung, wobei jede Schwingung durch eine Öffnungsphase und eine Verschlußphase zustande kommt. Der aufsteigende Luftstrom erregt aber auch durchschlagende Schwingungen in senkrechter Richtung. Ein Hochfrequenzfilm der amerikanischen Bell Company, der auf ausgeklügelte Weise die Schwingungsvorgänge in langsamster Zeitlupe sichtbar machte, ergab eine so verwirrende Vielfalt von Anblicken, daß Abschließendes zu diesem Punkt im Augenblick nicht gesagt werden kann.

Der wichtigste Umstand im Hinblick auf die Stimmlippen ist die schon seit 1835 bekannte Tatsache, daß sie einmal in ihrer vollen Breite und mit ihrer ganzen Masse in Schwingungen geraten können, das andere Mal aber nur mit ihrem feinen, nach der Stimmritze zu gelegenen Rand. Diese beiden Möglichkeiten warfen die bis heute bedeutsamste Frage der Stimmbildung auf, die Registerfrage.

Das von der Orgel herstammende Wort Register fand für die menschliche Stimme mehrerlei Definitionen, deren häufigst zitierte aus der Feder des schon genannten Manuel Garcia stammt. Sie lautet in der Übersetzung von Franz Thomas (in „belcanto", Berlin 1970): „Unter dem Wort Register verstehen wir eine Reihe aufeinanderfolgender und gleichartiger (homogènes) vom Tiefen zum Hohen und umgekehrt sich bewegender Töne, die durch die Entwicklung des gleichen mechanischen Prinzips erzeugt werden und deren Art sich wesentlich unterscheidet von einer anderen Reihe von Tönen, die gleichfalls aufeinander folgen und homogen sind, jedoch durch ein anderes mechanisches Prinzip hervorgebracht werden."

Es geht also um mechanische Prinzipien verschiedener, im wesentlichen von dreierlei Art, und diese drei mechanischen Prinzipien bilden die physiologische Grundlage für die drei deutlich gegeneinander abgesetzten Register, für die sich die Worte Brustregister und Kopfregister oder auch Bruststimme und Kopfstimme (bei Männern Falsett) und Pfeifregister eingebürgert haben. Mit Brust- und Kopf*resonanz* dürfen sie nicht verwechselt werden. Es herrscht, wie überhaupt in der Stimmbildungslehre, so besonders im Hinblick auf die Register ausgesprochene Verwirrung, was die Fachausdrücke anlangt. Ist man sich noch über das Wort Brustregister und über das, was damit ausgedrückt werden soll, einigermaßen einig, so ganz und gar nicht in puncto Kopfregister. Im Rahmen der Männerstimme ist dafür das Wort Falsett am gebräuchlichsten, doch trifft man auch auf Kopfstimme und Fistel. Außer über das Falsett, jedem nur etwas Erfahrenen als der substanzarme, nicht schwellfähige Klang in höheren Lagen bekannt, verfügen manche Männerstimmen noch über die Fähigkeit, ausgesprochen weibliche Klänge von beträchtlicher Höhe hervorzubringen (hierfür würde das Wort Fistelstimme gut passen), Frauenstimmenimitatoren schlugen früher in Kabaretts Kapital daraus. Die Worte Kopfregister bezw. Kopfstimme finden fast durchweg für die Frauenstimmen Verwendung, Falsett so gut wie nie. Die Analogie dazu bietet der Terminus „isolierte Kopfstimme", weil er physiologisch dasselbe besagt wie Falsett: nur die Stimmlippenränder geraten in Schwingung, und das klangliche Ergebnis ist ein dünner, oft sehr süßer, aber ebenfalls nicht schwellfähiger Ton. Das Pfeifregister ermöglicht es Frauenstimmen, noch Töne oberhalb des c''' hervorzubringen, was in Koloraturpartien (Königin der Nacht, Blondchen, Gilda, Zerbinetta) nicht selten verlangt wird. Von der Form, die die Glottis dabei annimmt und die sich deutlich von der bei Tönen in den anderen Registern unterscheidet, galt lange die Ansicht, sie sei vorn und hinten fest geschlossen und weise nur in ihrer Mitte einen kleinen Spalt auf. Dies hat jedoch neuerdings der holländische Physiologe van den Berg dahingehend berichtigt, daß die Glottis in ihrer ganzen Länge geschlossen ist und nur die rückwärtigen Partien der Stellknorpel zu einer kleinen Lücke voneinander abrücken. Das erklärt auch, warum den so entstehenden Tönen, die meist zart sind, aber auch erstaunliche Durchschlagskraft gewinnen können, jegliches Vibrato fehlt, da die Knorpel ja nicht in Schwingung geraten können. Dadurch bekommen sie wesentlich instrumentalen Charakter, und wesentlich instrumentalen Charakters sind ja auch die figurativen Aufgaben (Läufe, Stakkati), die den Koloraturstimmen abverlangt werden. Die Forderung, jede Frauenstimme müsse über das Pfeifregister verfügen, dürfte übertrieben sein, es muß wohl von Anfang an eine gewisse Disposition dafür in der Muskulatur vorliegen.

Die Aufgabe in der Ausbildung besteht darin, einen knicklosen, so gut wie unhörbaren Übergang vom Kopf- zum Pfeifregister zu schaffen, andererseits aber auch darin — und das wird oft übersehen —, den ganzen sonstigen Stimmumfang nicht zugunsten dieser höchsten Lage insofern zu vernachlässigen, daß man ihm die normale Kraftentfaltung erspart oder verwehrt, die auch zarten Stimmen möglich ist, wenn sich Kopf- und Brustregister korrekt mischen (s. S. 31). Meist wird zu weitgehend auf die Brustregisterbeimischung verzichtet, und die Stimmen können dann den kraftvollen Passagen ihrer Partien (Königin der Nacht!) nicht gerecht werden. Das Pfeifregister sollte, von oben her verfolgt, nicht unter h'' herabgeführt werden, es sei denn, es handelte sich um zarteste Pianissimotöne. Ab b'' sollte auf jeden Fall isolierte Kopfstimme oder gemischte Funktion möglich sein.

Doch kehren wir zu den beiden Hauptregistern zurück. Bei der Bildung von Tönen des Brustregisters ist, wie wir sahen, die gesamte Stimmlippe beteiligt. Sollen von der Tiefe aus aufsteigende Tonhöhen erklommen werden, so kontrahiert sich der Muskel in immer zunehmenden Graden. Diese Kontraktion bewirkt aber keine Verkürzung des Muskels, sondern er wulstet und verhärtet sich, so wie man das in den Muskeln des Oberschenkels spüren kann, wenn man sie anspannt. Ist die Kontraktionsfähigkeit des Muskels erschöpft, so müßte damit der Tonumfang eines Menschen nach der Höhe zu ebenfalls erschöpft sein, träte nicht ein völlig anderer Mechanismus in Tätigkeit, der es ermöglicht, eine erhebliche Zahl noch höherer Töne zu produzieren. Dieser neue Mechanismus besteht darin, daß ein Paar äußere Kehlkopfmuskeln in Tätigkeit tritt, das an beiden Seiten des Ringknorpelbogens entspringt und sich fächerförmig zum unteren Rand des Schildknorpels erstreckt. Dieser Muskel heißt deshalb Ring-Schildknorpel-Muskel (musculus cricothyreoideus) (Abb. 11). Kontrahiert er sich, so bewegt er einen der beiden Knorpel auf den andern zu. Die Frage, ob den Ring- auf den Schildknorpel zu oder umgekehrt, ist jetzt für den Schildknorpel entschieden, der dann veranlaßt wird, eine Kippbewegung nach vorn unten auf den Bogen des Ringknorpels zu auszuführen. Die Stellknorpel aber, die auf den oberen Artikulationsstellen der Ringknorpelplatte aufsitzen und in deren Stimmvorsprüngen die Stimm-

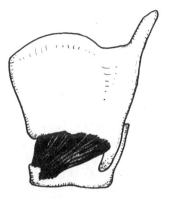

Abb. 11 Ring-Schildknorpelmuskel (Crico-thyreoideus)

lippen enden, verändern ihre Position nicht, so daß die Stimmlippen mit der Kippbewegung des Schildknorpels nach vorn unten ausgedehnt und in ihren nach der Stimmritze zu gelegenen feinen Rändern angespannt werden. (Abb. 12 nach Husler, der offenbar eine gleichzeitige Bewegung beider Knorpel aufeinander zu annahm.) Nur diese Ränder geraten bei der Tongebung in Schwingungen, und je stärker sie angespannt werden, desto höher ist der Ton. Der Vorgang läßt sich damit vergleichen, wenn am Wirbel der leeren Saite eines Streichinstruments nach hinten gedreht wird: die Saite wird stärker gespannt und ihr Ton erhöht sich. Die aktive Eigenspannung des gesamten Stimmuskels schlägt also um in ein passives Gespanntwerden lediglich seines Randes, und wenn das abrupt geschieht, äußert es sich in der Form des altbekannten Kicksens. Otto Iro hat für die beiden Mechanismen noch die allseits übernommenen Ausdrücke Randschwingung und Vollschwingung eingeführt, so daß sich folgende Gleichungen aufstellen lassen:

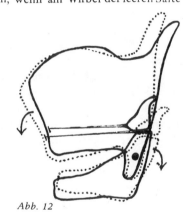

Abb. 12

Brustregister = Aktivspannung = Vollschwingung
Kopfregister = Passivspannung = Randschwingung.

Zum Glück findet sich aber eine so schroffe Trennung der beiden Register, wie sie hier zur besseren Verdeutlichung unterstellt wurde, in Wirklichkeit so gut wie nie (Krankheitsfälle ausgenommen), sondern sie treten fast immer, wenn auch in höchst unterschiedlichen Graden gemischt auf, d.h. daß Aktivspannung und Passivspannung gleichzeitig stattfinden. Jedes der Register gibt der Stimme ganz besondere Qualitäten: aus dem Brustregister bezieht sie Kraft und Sonorität, aus dem Kopfregister Zartheit und Weichheit, also kurz die Pianofähigkeit. Außerdem ist eine gute Kopfstimmfunktion für eine leichte Höhe unentbehrlich. Der Idealzustand der Registermischung nun läßt sich durch diese graphische Darstellung verdeutlichen:

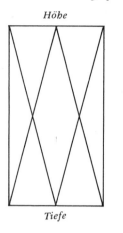

Höhe

Tiefe

Das Dreieck mit der Basis unten vertritt das Brustregister, das für eine vollklingende Tiefe sorgt und nach oben hin immer mehr abnimmt, wohingegen das Kopfregister, durch das auf der Spitze stehende Dreieck repräsentiert, immer mehr zunimmt. Ein letzter Rest Kopfregister muß auch noch im tiefsten Ton enthalten sein, damit er weich und im Piano erklingen kann, und umgekehrt muß noch der höchste Ton einen Rest Brustregister aufweisen, sonst wäre es Falsett oder isolierte Kopfstimme. Vielerorts wird auch eine gründliche Pflege des Falsetts oder der isolierten Kopfstimme empfohlen, wobei man aber natürlich immer die Gefahr einer endgültigen Registertrennung im Auge behalten muß. Für hohe Pianotöne haben Falsett und isolierte Kopfstimme ihre volle Berechtigung, wenn sie gut gestützt und resonatorisch exakt in den hohen Schädel gelenkt werden. Falsett kann auf den höchsten Tönen erstaunliche Lautstärke gewinnen, die aber vorwiegend gewissen Effekten zugute kommt und eine gemischte Form kaum ersetzen kann. Die größte Schwierigkeit tritt der notwendigen Brustregisterverminderung und Kopfregisterzunahme in der höheren Mittellage entgegen, in den Übergangstönen zur hohen Quarte.

Bemißt man den durchschnittlichen Stimmumfang des Menschen mit zwei Oktaven, also für Soprane von c' bis c''', so liegt die Mitte etwa bei c''. Die ersten vier oder fünf Töne von da abwärts bilden die tiefere Mittellage, an die sich die Tiefe anschließt, die ersten vier oder fünf Töne von c'' aufwärts die höhere Mittellage, die den Übergang zur hohen Quarte, also etwa g'' bis c''' bildet. Für die Tenöre liegt das Ganze eine Oktave tiefer, für Alt- und Baritonstimmen jeweils etwa einen Ganzton bis zu einer kleinen Terz. Die höhere Mittellage, bei hohen Stimmen, wie gesagt, zwischen c'' und etwa g'' (bzw. c' und g'), für die tieferen etwa zwischen b' und es'' (bzw. b und es'). In diesen Lagen pflegt häufig das Brustregister nicht im notwendigen Maße zurückzutreten, es „schlankt sich" nicht genügend „ab", sondern der Brustregisteranteil bleibt über einige Halbtonschritte hinweg gleich und fällt dann abrupt völlig weg, so daß die höchsten Töne nur noch in Falsett oder isolierter Kopfstimme kommen können, wie diese graphische Darstellung zeigt:

Schuld daran ist die meist unbewußte Vermehrung des Atemdrucks, sobald Töne der höheren Mittellage gefordert werden. Man vergegenwärtige sich aber, daß die aufsteigenden Töne im isolierten Brustregister durch wachsende Aktivspannung des Stimmuskels herbeigeführt werden, während kunstgerechtes Singen gerade deren Abnahme erfordert. Die Spannungsabnahme kann nun deshalb nicht stattfinden, weil auf die Stimmuskeln zuallererst der vermehrte Atemdruck von unten auftrifft, der von diesen durch entsprechenden Gegendruck, also vermehrte Aktivspannung statt der gewünschten verringerten, aufgefangen werden muß. Außerdem gewinnen die so gebildeten Töne oft einen geradezu pompösen Klang, an dem sich der Singende selbst gern berauscht. Das alles gilt es abzubauen, um dem Muskel sein freies Spiel zu gestatten, und das geschieht relativ leicht, wenn man aufwärts führende Tonfolgen — etwa die ersten fünf Töne der Tonleiter oder auch Dreiklangsarpeggien — etwas langsam und mit der Maßgabe singen läßt, daß dabei kein noch so kleines crescendo stattfinden darf — dann führt man die Phrase wieder in den Grundton zurück. Besonders leise zu beginnen, ist hierbei gar nicht notwendig, im Gegenteil, es erschwert anfangs den Vorgang nur. Ein schönes mf genügt völlig, das aber dann, es sei wiederholt, um keinen Deut crescendiert werden soll. Dadurch wird das Zwerchfell gezwungen, den Atemstrom, der vermehrt aufsteigen will, zu bremsen. Die Konzentration auf das Nicht-Crescendieren der Töne ist also die Hauptsache. Bei fünf aufsteigenden Tonleitertönen sind erfahrungsgemäß der dritte und vierte diesbezüglich am meisten gefährdet.

Mit Hilfe der mäßigen Lautstärke wird gleichzeitig auch das Mittelregister geübt, das meist als drittes zu Brust- und Kopfregister genannt wird. Seine Beschaffenheit ist schon in etwa mit der graphischen Darstellung und dem Begriff der Registervermischung charakterisiert. Mittelregister bedeutet die Randschwingung, vermischt mit einer Beteiligung der Aktivspannung des Stimmuskels, die in feinst abgestuften Graden je nach der gewünschten Tonhöhe und Lautstärke erfolgt. Es ist also eine aus den beiden Urregistern gemischte Funktion, für die gern die französische Bezeichnung voix mixte oder die italienische mezza voce = mittlere Stimme verwendet wird. Man kann sie sich am Vorgang eines vollkommen gelungenen decrescendo auf einem Ton der höheren Mittellage am besten verdeutlichen. Von den zu Beginn im ff in sehr großer Zahl aktiv gespannten Muskelfasern geben nach und nach immer mehr ihre Spannung auf, werden passiv und beteiligen sich nicht mehr an den Stimmlippen-Schwingungen. Dadurch verringert sich gleitend die Lautstärke, bis auch die letzte Faser sich nicht mehr an dem Prozeß beteiligt und so die reine Randschwingung erreicht ist, mittels deren der Ton völlig verklingen kann. Ein einwandfrei glückendes Crescendo entsteht auf die umgekehrte Weise. Diese Crescendo-decrescendo-Übung und ihr Gelingen wurden schon von den alten Italienern unter der Bezeichnung messa di voce gefordert, und in der Tat gibt sie den besten Aufschluß darüber, bis zu welchem Grad die Registerverschmelzung schon gediehen ist. (Daß bei der messa di voce physiologisch auch noch anderes geschehen muß, sei nur am Rande vermerkt, sie ist in Wirklichkeit ein hochkomplizierter Vorgang.)

Häufig und besonders bei Schülern, die über längere Zeit nur laut gesungen haben, findet das decrescendo anfangs ganz befriedigend statt, bricht dann aber unvermittelt in das Falsett oder die isolierte Kopfstimme um, d.h. das ganz allmähliche Passivwerden der Stimmuskelfasern glückt nicht restlos, sondern zum Schluß gibt eine gewisse Restportion davon ihre Spannung abrupt auf einmal auf. Daran ändert oft auch geduldiges und konsequent betriebenes Üben dieses speziellen Vorgangs nichts, und man muß sich damit abfinden. Es liegt dann eine von Otto Iro so benannte irreparable Registerdivergenz vor, die aber noch kein Anzeichen für vorzeitigen stimmlichen Ruin zu sein braucht, sondern nur den Ausfall einer bestimmten und für erstklassiges Singen allerdings unerläßlichen Kehlfunktion bedeutet. Weiteres stetiges Üben in mäßigen Lautstärken ist aber gerade in solchen Fällen lebenswichtig.

Auch das Verhältnis der Vokale zu den Registern und ihrer Verschmelzung verdient betrachtet zu werden. Bekanntermaßen dienen i, ü, u, leise gesungen, am besten dazu, eine mangelhafte oder verschüttete Kopfregisterfunktion zu verbessern oder zu erwecken, sie werden geradezu Kopfstimm-Vokale genannt (F. Martienssen) und zusammen mit ō (Ofen) und ȫ (Öl) als geschlossene Vokale bezeichnet. Ihnen gegenüber stehen die offenen Vokale a, ŏ, (offen) ä, ŏ (öffnen), die mehr dem Brustregister zugehören. Man kann also die oben (s. S. 27) aufgestellten Gleichungen folgendermaßen erweitern:

Brustregister = Aktivspannung = Vollschwingung = offene Vokale
Kopfregister = Passivspannung = Randschwingung = geschl. Vokale.

D.h. gleichzeitig, daß die offenen Vokale von dem Moment an, wo die Kopfstimme zu dominieren hat, allmählich in eine geschlossenere, kopfstimmhaltigere Form übergeleitet werden und damit eine gewisse Umfärbung erfahren sollten. Umgekehrt werden insbesondere bei tieferen Männerstimmen von der tieferen Mittellage, also etwa von f und e an abwärts die geschlossenen Vokale offenere, d.h. bruststimmhaltigere Form annehmen müssen, wenn sie bei normaler bis voller Lautstärke mit den offenen voll mitklingen sollen. – i z.B. nähert sich dann dem ŏ oder ō. Im piano natürlich, das ohnehin eine Kopfstimmfunktion ist, behalten sie ihre angestammte geschlossene Form. Zunächst, also auf f und e, sind beide Formen möglich und man muß bewußt entscheiden, welche die geeignetere ist. Erwähnt seien hier auch das kurze offene ĭ (ich) und das kurze offene ŭ (Mutter), die unsere Sprache neben der geschlossenen Form enthält. Sie erscheinen aber in der Sprache nur als ganz kurze Laute, und sobald der Laut auch nur etwas gelängt werden soll, spielen sich die geschlossenen Formen ein: Lippe/Liebe, Mutter/Mut. Da aber beim ariosen Singen (das Secco-Rezitativ nimmt eine Sonderstellung ein) alle Vokale gedehnt werden, empfiehlt es sich, von der höheren Mittellage an aufwärts nur die geschlossenen Formen zu verwenden, da einmal die offenen, wenn sie länger ausgehalten werden, häßlich klingen, andererseits die geschlossenen für den Hörer in keiner Weise befremdlich wirken.

Mit diesen Vokalumfärbungen hat auch ein weiterer wichtiger Vorgang zu tun, ohne den eine mühelose Höhe schwer zu gewinnen ist, das sog. Decken. Luchsinger beschreibt es so: „Unter Decken bezeichnet man jene sehr geringe Verdunkelung der Vokale in höheren Tonlagen zur Vermeidung zu heller Klangfarbe und zur Erleichterung des Register-Ausgleichs, unter Tiefstellung des Kehlkopfs und gleichzeitiger Verbreiterung des Ansatzrohres." Merkwürdigerweise erwähnt er die Kippbewegung des Schildknorpels nach vorn unten nicht, die durch den Ring-Schildknorpelmuskel bewirkt wird (s. S. 31) und vor allem zur Tiefstellung des Kehlkopfs führt. – Es sind also nur die offenen Vokale a, ŏ, ä, ö̆, die dem Vorgang des Deckens unterliegen. Für die geschlossenen Vokale i. ü. ö. u, ō erübrigt er sich, denn „geschlossen" und „gedeckt" besagen in etwa das gleiche.

Es ist viel darüber gestritten worden, ob der Kultivierung der reinen Vokale, so, wie sie die Sprache kennt, der Vorzug zu geben sei vor gewissen Umfärbungen, die dem Singvorgang insgesamt zugute kommen sollen. Husson unterscheidet m.E. sehr glücklich zwischen einem timbre vocalique und einem timbre extravocalique, d.h. der Klang des gesungenen Tones wird einmal von der Farbe des gewählten Vokals bestimmt, dann aber auch durch ein generelles Timbre, das alle zu singenden Vokale gleichmäßig umgibt: ob sie einheitlich hell oder dunkel, weich oder hart, rund oder flach erklingen. Welches der beiden Timbres bei der Stimmbildung vordringlich behandelt werden soll, muß jeder selbst entscheiden – m.E. gebührt dem timbre extravocalique der Vorrang.

Es ergibt sich nun das Paradox, daß eine Aufwärtstonreihe, mäßig stark auf ein gleichbleibendes a gesungen, nicht mehr einheitlich wirkt, sondern, je höher hinauf sie führt, um so mehr überhellt, wenn nicht sogar grell erscheint, wie schon Luchsinger anmerkte. Exemplifizieren wir das weitere an einem Bariton. Wendet dieser auf cis', spätestens auf d' das a deutlich nach ŏ, ändert er also bewußt etwas an seiner Tongebung, so erscheint dieselbe Tonreihe plötzlich organisch und einheitlich. Diese „geringe Verdunkelung", wie Luchsinger sagt, begünstigt die Kippbewegung des Schildknorpels, vergrößert das Ansatzrohr in senkrechter Richtung und erleichtert damit das Erklimmen auch der höchsten Töne des Stimmumfangs. Husson tritt am entschiedensten für die Technik des Deckens (frz. couverture) ein und illustriert deren Wirkung, wie Abb. 13 zeigt. Nach ihm hat der Mechanismus der Deckung den Charakter eines Schutzmechanismus für die phonatorische Arbeit der Stimmlippen.

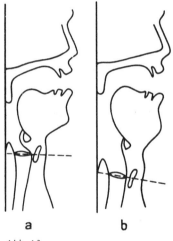

a   **b**

Abb. 13

Führt der Bariton die Übung mit den fünf ersten Tönen der Tonleiter im mf aus und trägt sie halbtonweise höher, wobei cis' immer der Umschlagton von a zu ŏ bleibt und das Verbot jeglichen crescendos strikt befolgt werden muß, so decken sich gesunde Baritonstimmen von selbst immer mehr ein, ohne daß der Schüler von sich aus noch irgend etwas dazu tun müßte. Der endgültige gedeckte Vokal a erscheint dann als ein schwer definierbarer, aber vom offen gesungenen a unverkennbar verschiedener Klang, der trotzdem vom Hörer nicht als etwas überraschend Neues empfunden wird, sondern sich organisch dem Stimmganzen einfügt. Mit dem offenen ä oder auch ĕ (wie in „besser") kann analog verfahren werden. Schlund und Rachen müssen dabei die volle Weite behalten, die sie bei den offenen Formen einnehmen, jede Verengung beeinträchtigt die Tonqualität. Natürlich können auch mit offenem a und ä noch gesunde Töne bis etwa e' oder auch noch f' gelingen, aber sie verleiten leicht zu vermehrtem Atemdruck, deshalb ist dabei stets nach der Abschwellfähigkeit zu fragen sowie nach den weiteren Schritten auf fis' und g' hinauf, die in absolut offener Form höchstens im Falsett möglich sind. Für Tenöre liegt der Umschlagton in die dunklere Form der Vokale a und ä bei f' oder fis', für Frauenstimmen jeweils eine Oktave höher.

Eine merkwürdige Tatsache besteht darin, daß für Männer- wie Frauenstimmen etwa d' der Angelpunkt ist, von dem an das Kopfregister immer mehr Einfluß auf die Tongebung nehmen soll. Bewegen sich nun die Männerstimmen wesentlich im Klangbereich unter d', so die Frauenstimmen wesentlich in dem darüber gelegenen. Deshalb ist für sie der Übergang in die Deckung erheblich leichter. Vor allem das in der deutschen Sprache so häufige ĕ wendet sich, läßt man es ohne zu crescendieren halbstark aufwärts singen, fast immer automatisch in seinen geschlossenen Nachbarvokal ē. Man kann, ja soll die Schülerin gefahrlos dazu anhalten, ĕ nach ē umzufärben, denn für die Textverständlichkeit entstehen keinerlei Nachteile. Auch dem a stellen sich bei Frauenstimmen nicht so große Schwierigkeiten entgegen. Dafür krankt bei ihnen das a in der tieferen Mittellage oft an Substanzarmut und Verblasenheit. Darauf wird bei der Besprechung der Resonanzvorgänge zurückzukommen sein (s. S. 56).

Für den grundsätzlichen Registerausgleich der Frauenstimmen kommt der Tiefe besondere Bedeutung zu. Jedermann kennt die schon wie Männertöne anmutenden Tieflagen besonders italienischer und amerikanischer Sängerinnen, gleichgültig ob Soprane oder Altistinnen, die mit isolierter Bruststimme gesungen werden. Das muß aber nicht so sein, es kann sehr wohl ein Rest Kopfregister beigemischt bleiben, der den tiefen Tönen dann ihren weiblichen Charakter erhält. Vor allem aber ist vor der Verwendung des reinen Brustregisters für die Töne ab d' aufwärts zu warnen, auch wenn diese dadurch etwas an Substanz einbüßen. Das zu hoch hinaufgeführte Brustregister beschwört leicht ebenfalls eine Registerdivergenz herauf, die sich darin äußert, daß die Stimme über einige Halbtonschritte hinweg plötzlich äußerst klangarm wird, weil nun die Bruststimme ganz ausscheidet und die Kopfstimme allein etwa bei fis', g' as' nur sehr wenig Klang hergibt: das besonders für Altistinnen gefürchtete „Loch in der Mittellage", das sehr schwer zu schließen ist.

In Luchsingers Definition der Deckung (s. S. 35) war zum erstenmal von der „Tiefstellung des Kehlkopfs" die Rede, einem äußerst wichtigen Moment in der Stimmbildung. Man muß sich dabei die ursprüngliche und für jeden Menschen zeitlebens primäre Funktion der Stimmlippen vergegenwärtigen, nämlich einen festen Verschluß des Luftraums nach oben herzustellen, um das

Eindringen von Fremdkörpern zu vermeiden. Diese Funktion tritt bei jedem Schluckakt in Tätigkeit, bei dem obendrein, wie jedermann an sich selbst feststellen kann, der gesamte Kehlkopf nach oben gezogen wird. Das geschieht durch ein Muskelpaar, das vom Schildknorpel zum Zungenbein verläuft. Dieses Muskelpaar ist durch seine ständige Beanspruchung (wie oft mag wohl der Mensch am Tag schlucken?) sehr kräftig und außerdem stets bereit, in Tätigkeit zu treten, auch wenn in seinem Bereich etwas ganz anderes geschehen soll als Schlucken, nämlich Singen. Es spielt also sehr leicht der Schluckmechanismus in den Singmechanismus störend hinein, und eine sehr wichtige stimmbildnerische Aufgabe besteht darin, die durch den Schluckmechanismus bewirkten unerwünschten muskulären Mittätigkeiten auszumerzen. „Die Stimmerziehung und Stimmbehandlung hätte also als vornehmstes Ziel nicht einen Aufbau, sondern einen Abbau falscher Funktionen", pflegte der berühmte Physiologe und Stimmforscher Emil Fröschels in der ersten seiner Vorlesungen über die Physiologie der Stimme zu sagen.

Zwischen etwa 1955 und 1967 hat auf diesem Gebiet Wilhelm Ruth sehr intensive Untersuchungen mittels der Röntgentomographie vorgenommen, die schon sehr weit fortgeschritten, aber noch nicht abgeschlossen waren, als er plötzlich starb. Sein sehr umfangreiches Manuskript wurde von seinen Hinterbliebenen mir anvertraut, da ich über mehrere Jahre hin in enger Verbindung mit ihm stand, doch gelang es mir nicht, seine Drucklegung zu erreichen. Die Röntgentomographie ermöglicht es, auch weiche Gebilde wie die Stimmlippen sichtbar zu machen, und Wilhelm Ruth konstruierte ein leichtes, auf den Kopf zu setzendes Gestell, mittels dessen außen auf dem Hals zwei Bleimarken aufgelegt werden, die auf den Röntgenbildern sehr deutlich als dunkle Flecke erscheinen. Von der Verbindungslinie zwischen diesen dunklen Flecken aus konnte er nun Positionsveränderungen des Kehlkopfs über die gut sichtbaren Stimmlippen einfach abmessen. Mit unendlicher Mühe und Geduld gelang es ihm, auch zahlreiche prominente Sänger und Sängerinnen für einen solchen Versuch zu gewinnen. Er ließ jede Versuchsperson einen Ton der tieferen, einen Ton der höheren Mittellage und einen hohen Ton jeweils fünf Sekunden aushalten, während die Röntgentomographieröhre konstant die Stimmlippen belichtete, um sie als Mittelpunkt kreisend. So erhielt er jedesmal drei Bilder, deren Vergleich über etwaige Unterschiede der Kehlkopfstellung in den drei Stimmlagen Aufschluß gab. Als Quintessenz stellte sich heraus: bei erstklassigen Sängern variierte die Kehlkopfstellung entweder gar nicht oder nur unwesentlich (Abb. 14), manchmal verschob sie sich beim höchsten Ton sogar nach unten (Abb. 15). Bei nicht so guten, aber immerhin

Abb. 14

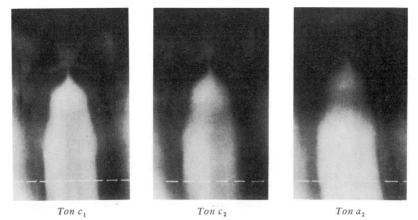

Ton c₁ *Ton c₂* *Ton a₂*

auf der Bühne tätigen Sängern zeigten sich größere Unterschiede vor allem in der Richtung nach oben (Abb. 16), und bei Gesangschülern waren sie z.T. so enorm, daß die Röntgenröhre die Stimmlippen gar nicht mehr traf (Abb. 17).

Abb. 15

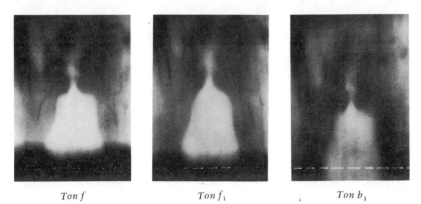

Ton f *Ton f₁* *Ton b₁*

So wie innerhalb des Kehlkopfs verschiedene Muskeln in gegensätzlicher Weise wirken, indem sie die Stimmritze einmal öffnen, dann wieder schließen (s. S. 25), so existiert außerhalb des Kehlkopfs ein Muskelsystem, das den Kehlkopf entweder nach oben oder nach unten, auch nach vorn und hinten

Abb. 16

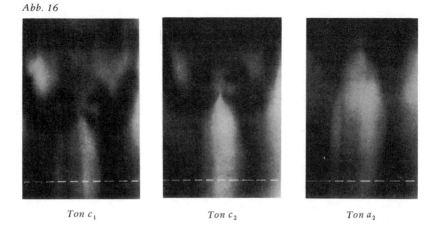

Ton c₁   Ton c₂   Ton a₂

bewegen kann und das von Husler sehr zutreffend und bildkräftig „Einhängemechanismus" genannt worden ist: der Kehlkopf ist in meist paarige Muskeln,
die in alle Richtungen laufen, quasi eingehängt. Man unterteilt diese Muskeln

Abb. 17

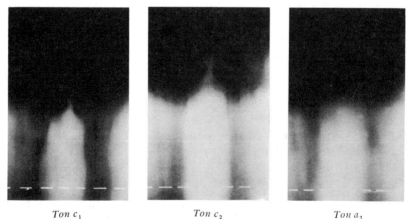

Ton c₁   Ton c₂   Ton a₂

je nach ihrer Wirkung in Heber und Senker des Kehlkopfs. Von dem bedeu-
tendsten Heber, dem Schildknorpel-Zungenbein-Muskel, der bei jedem
Schluckakt in Tätigkeit tritt, war oben schon die Rede (s. S. 38). Zwei weitere Muskelpaare wirken in die gleiche Richtung. Diesen Hebern des Kehl-

kopfs treten zwei Senker gegenüber: einmal das Muskelpaar, das vom Schildknorpel zum Beginn des Brustbeins, und eins, das von der Mitte des Ringknorpels um die Speiseröhre herum nach hinten verläuft (Abb. 18). Im Vergleich etwa mit dem Schildknorpel-Zungenbein-Muskel sind diese Senker aber wesentlich schwächer ausgebildet, weil sie im täglichen Leben kaum benutzt werden, höchstens der Schildknorpel-Brustbein-Muskel beim Gähnen. Sie zu trainieren und zu kräftigen, damit sie der Hebewirkung des Schildknorpel-Zungenbein-Muskels entgegenwirken können, wäre ein naheliegender Gedanke, der aber hinsichtlich des Schildknorpel-Brustbein-Muskels schwer zu verwirklichen ist. Bei dem von der Mitte des Ringknorpels nach hinten zum Nacken verlaufenden Muskel ist das schon eher möglich. Er kontrahiert sich, sofern er nicht gänzlich verkümmert ist, wenn der Mensch quasi „auf dem qui vive" ist, wenn sich

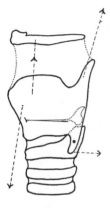

Abb. 18

„der Nacken steift", um drohender Gefahr zu begegnen. Dieses Gefühl, sich an seinen Nacken anzulehnen, wobei aber die Bewegung keinesfalls von der Kinnspitze ausgehen darf (das würde einen unangenehmen Druck auf den Kehlkopf ausüben), kann und soll sehr wohl kultiviert werden, schon damit der Kopf nicht haltlos nach vorn hängt. Gelingt der Muskelzug in der richtigen Weise, so ergibt sich ein angenehmes Kraftgefühl — bekanntlich soll ja Caruso gesagt haben, er singe mit dem Nacken. Wichtiger als dieser Aufbau ist es aber, die Tätigkeit der Hebemuskulatur, insbesondere des Schildknorpel-Zungenbein-Muskels allmählich abzubauen, bis sie beim Singen möglichst ganz fortfällt. Dann kann der Kehlkopf frei eingehängt bleiben und wird in seinen Funktionen nicht behindert.

Auffälligerweise steigt der Kehlkopf bei den hohen Tönen am meisten an (manchmal auch schon bei denen der höheren Mittellage), was besagt, daß die Kontraktion des Schildknorpel-Zungenbein-Muskels als eines „Schluckmuskels" um so stärker wird, wenn Töne der hohen Quarte gesungen werden. Der genaue Tatbestand ist folgender: weder Schildknorpel noch Zungenbein sind mit dem Skelett verbunden, wodurch sie in ihrer Stellung fixiert wären, sondern sie folgen dem Zuge derjenigen Muskeln, welche auf sie einwirken. Erhöhung des Tones macht aber eine stärkere Fixation des Schildknorpels notwendig. Ich zitiere Ernst Barth:

„Im allgemeinen erfolgt die stärkere Fixation des Schildknorpels durch Heranziehung an das Zungenbein. Dasselbe ist jedoch ebenfalls kein punctum fixum, sondern nach vorn, nach hinten, nach oben, nach unten, je nach der Wirkung der an ihn ansetzenden Muskeln verschieblich. Aber es kann durch Zug und Gegenzug der an demselben ansetzenden Muskeln in jeder Lage fixiert werden und mit ihm auch der Schildknorpel. Seine stärkste und häufigste Fixation erhält das Zungenbein wohl beim Schlingakt, bei welchem es vermittelst der Heber nach oben gezogen wird. Gleichzeitig mit dieser Hebung des Zungenbeins beim Schlingakt wird auch immer der Schildknorpel hart an das Zungenbein herangezogen, so daß sie beide gewissermaßen eine feste Masse bilden. *Für die Fixation des Schildknorpels sind also durch den physiologischen Schlingakt Innervationen präformiert, und wir beobachten dementsprechend gewöhnlich, sobald bei Erhöhung des Tones eine stärkere Fixation des Schildknorpels nötig wird, daß der Schildknorpel fester an das Zungenbein herangezogen wird, daß aber gleichzeitig auch das Zungenbein zwecks stärkerer Fixation höhergezogen wird.*" (Bei Barth Sperrdruck.)

Im Kehlkopf selbst aber ruft der Schluckmechanismus eine verstärkte Tendenz zum Stimmritzenschluß hervor, deshalb muß für die Öffnungsphase der Stimmlippen bei jeder Schwingung während des Singens bedeutend mehr Atemdruck angewandt werden. Andrerseits ist anzunehmen, daß verstärkter Atemdruck, der ja oft fälschlicherweise für hohe Töne als notwendig angesehen wird, den Kehlkopf zusätzlich in die Höhe treibt. Somit ergibt sich als erstes Mittel, dem Ansteigen des Kehlkopfs entgegenzuarbeiten, eine Verringerung des Atemdrucks. Zunächst völlig zu meiden sind länger ausgehaltene hohe Töne, sie sollen nur im mf gewissermaßen angetippt werden. Folgende Übung, konsequent angewendet, hat sich als sehr nützlich erwiesen: Grundton, Quinte und Oktave eines Dreiklangs werden, durch Pausen voneinander getrennt, auf den Vokal a jeweils in der Länge einer Viertelnote bei mäßigem Tempo angeschlagen, und die strikt einzuhaltende Forderung lautet: der hohe Ton soll mit genau dem gleichen Kraftaufwand und keinesfalls mit größerem genommen werden als die anderen, auch soll nach seinem kurzen Erklingen sofort zum Ausgangston zurückgekehrt werden:

Zu achten ist dabei darauf, daß die beiden ersten Töne nicht stakkatiert werden, daß sich keine Glottisschläge einschleichen und die Mundöffnung sich weder verkleinert noch vergrößert während der ganzen Zeit, die nötig ist, um die Übung chromatisch aufsteigend etwa von c bis fis beim Bariton (beim

Tenor von e bis h) streng metrisch ausführen zu lassen. Wenn dabei der hohe Ton nur im Falsett und nicht in gemischter Funktion anschlägt, kann man getrost schon den tiefsten etwas kräftiger nehmen lassen, denn die Vorschrift lautet ja nur: keine Kraftverstärkung für den hohen Ton! Als Anschlagstelle für diesen suche man die Partie hinter der Nasenwurzel. Im übrigen ist Geduld vonnöten: auch wenn die hohen Töne zunächst immer wieder nur im Falsett kommen, gelingen sie doch bei konsequentem Üben dann oft auch in gemischter Form. Oder aber dem Fall ist auf diese Weise nicht beizukommen, dann müssen andere Mittel gesucht werden, oder aber er ist aussichtslos. Gelingen die kurzen Anschläge des hohen Tones zuverlässig, dann lasse man nach ¼ Pause den gleichen Ton erneut auf ¾ Länge intonieren, um auszuprobieren, ob auch bei so langem Aushalten der Kehlkopf kaum mehr ansteigt und der Atemdruck nicht verstärkt zu werden braucht.

Nächst der Verminderung des Atemdrucks ist dunkle Vokalisation ein Mittel, den Kehlkopf tief zu halten. Das beweist ein kleiner Versuch: man spreche die Vokalreihe i—e—a—o—u unter Beibehaltung der schmalen i-Mundöffnung, und man spürt deutlich die Abwärtsbewegung des Kehlkopfs. Merkwürdigerweise verursacht aber der gesungene Vokal i kein übertriebenes Ansteigen des Kehlkopfs, auch bei hohen Tönen nicht, um so mehr aber der Vokal a. Kann man die Kehlkopfbewegungen bei Männern meist mit dem Auge am Adamsapfel ablesen, so zeigen sie sich bei Frauen in einer sichtbaren Verspannung der äußeren Halsmuskulatur (auch der Stirn), vor allem aber natürlich in dem grellen, gequälten Klang der Töne. Über die Möglichkeiten, die Kontraktion des Schildknorpel-Zungenbein-Muskels auszuschalten, wird bei der Betrachtung des Ansatzrohres zu sprechen sein (s. S. 53).

Wie stark oder gering bei einem Anfänger der Kehlkopf ansteigt, das gibt Aufschluß über die Begabung seiner Organe zum Singen. Bekanntlich braucht ja eine gute Stimmveranlagung, d.h. eine schöne Stimme, keineswegs mit einer guten Singveranlagung Hand in Hand zu gehen, so wie ein Mensch sehr schöne Hände haben kann, mit ihnen aber nur sehr ungeschickt umzugehen weiß. Hält sich das Ansteigen von vornherein in mäßigen Grenzen, so ist die Begabung gut, der Schüler hat Aussichten, ein guter Sänger zu werden, und zwar bei relativ kurzer Ausbildungsdauer. Diese Dauer wird voraussichtlich um so länger sein, je stärker der Kehlkopf ansteigt, denn die Korrektur dieser Fehlfunktion ist langwierig. Die Abb. 19 und 20 zeigen, inwieweit sie bei einer Schülerin im Laufe von zwei Jahren gebessert werden konnte.

Jedoch muß hier noch ein weiterer Begabungsfaktor erwähnt werden, der des sog. Muskelerinnerungsvermögens. Das Wort besagt, daß in der Muskulatur

Abb. 19

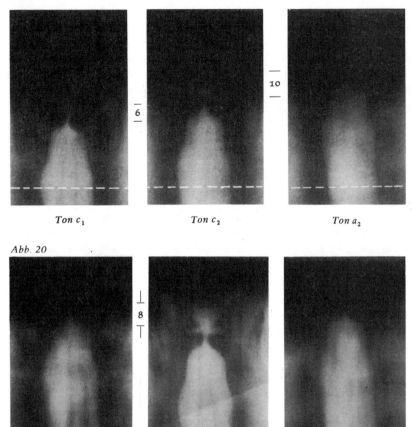

Abb. 20

Ton c_1 · · · Ton c_2 · · · Ton a_2

selbst die Fähigkeit, sich zu erinnern, vorhanden sein könne, auf Grund deren sie eine einmal verbesserte Funktion rasch immer wieder von selbst herzustellen lerne, so daß die Verbesserung sich also binnen kurzem automatisiert. Es ist ja der Werdegang alles Lernens, daß das Neue zunächst mit vollem Bewußtsein und starker Konzentration trainiert werden muß, bis es schließlich so weit Eigentum geworden ist, daß es ins Unterbewußtsein absinken und so zur zweiten Natur werden kann. Die Stimmbildung kennt aber nicht wenige Fälle, in denen dieser Prozeß nur sehr langsam und mangelhaft vor sich geht. Muß man mit einem Schüler, sagen wir, über ein Jahr hinweg in jeder Stunde quasi von vorn beginnen, weil die Muskulatur das in der vorangegangenen Erlernte einfach nicht in Erinnerung behalten kann, dann ist höchste Skepsis für einen glücklichen Ausgang des Studiums am Platze.

Ob sich auch bei gutem Muskelerinnerungsvermögen, konsequentem Üben und ohne Rücksicht auf die Ausbildungsdauer ein hochgradiges Ansteigen des Kehlkopfs ganz wird beheben lassen, ob also letzten Endes wirklich erstklassiges Singen zu erreichen ist, erscheint fraglich. Immerhin ist, wie die Abb. 19 und 20 zeigen, Besserung bis zur Berufstauglichkeit möglich, nur bleibt dann wieder die Frage offen, wie weit eine Kariere führen kann (wofür allerdings noch andere und vermutlich wichtigere Faktoren den Ausschlag geben) und wie schnell eine Stimme sich abnützt.

In das Kapitel des tonerzeugenden Apparats, des Kehlkopfs, gehört schließlich noch die Erörterung seines Wachstums während der Pubertät, des Stimmwechsels (Mutation) der Knaben. Daß dieses Wachstum in die Entwicklungsperiode fällt, in der auch die Geschlechtsreife sich einstellt, beginnend etwa mit dem 13. bis 14. Lebensjahr, weist den Kehlkopf als ein sekundärgeschlechtliches Organ aus, auch wenn die Mutation sich wesentlich nur an Knabenstimmen vollzieht. Vor der Pubertätszeit ist der Unterschied zwischen Knaben- und Mädchenstimmen unerheblich, dann aber wächst der Knabenkehlkopf um etwa die Hälfte, und auch die Stimmlippen verlängern, verbreitern und verdicken sich, so daß der Stimmumfang um etwa eine Oktave sinkt und die Männerstimme erscheint. Bis das voll erreicht ist, vergeht sehr verschieden viel Zeit, während deren die Knabenstimme das typische abrupte Umschlagen vom Kopf- ins Brustregister zeigt, Barth gibt sie mit 3 − 6 − 12 Monaten an, doch trifft man heute auf schon 18jährige, die noch nicht voll mutiert haben, d.h. daß das Kehlkopfwachstum noch nicht vollendet ist und die männliche Brustregisterfunktion noch unvollkommen zur Verfügung steht: der Klang nach der Tiefe zu bleibt dünn und knabenhaft. Dem Wachstumsprozeß kann durch behutsames Üben der einschlägigen Resonanz (s. point de Mauran S. 56) nachgeholfen werden, aber Vorsicht ist da immer am Platze. Dies gilt vor allem für Knaben, die als Sopran oder Alt im Chor singen. Am besten hören sie damit ganz auf, oder sie müssen doch hinsichtlich Höhe und Lautstärke ausgesprochen geschont werden.

Die Veränderungen der Stimmen von Mädchen sind wesentlich geringer, da ihre Kehlköpfe nur um ein geringes wachsen, sie behalten ja auch als Frauenstimmen den bisherigen Umfang nahezu bei, können aber nach der Tiefe wie der Höhe und auch an Lautstärke zunehmen. Die beginnende Mutation macht sich bei ihnen manchmal durch plötzliches Überhauchen der bisher klaren Töne bemerkbar sowie durch ein hörbares Tremolieren. Schonung empfiehlt sich natürlich auch hier, wenn auch nicht so dringlich wie bei den Knabenstimmen.

c Der Resonanzapparat

Der Resonanzapparat ist derjenige Faktor, der den von den Stimmlippen erzeugten Ton erst eigentlich zu dem macht, was man menschliche Stimme nennt. Er dient aber nicht nur zu ihrer Verstärkung, sondern vor allem auch zu ihrer Färbung. Der gebräuchliche Fachausdruck dafür lautet Ansatzrohr, es ist der Sammelbegriff für alle oberhalb der Stimmlippen gelegenen Hohlräume. Deren erste sind die beiden sog. Morgagni'schen Taschen oder Ventrikel, die zwischen den Stimmlippen und den Taschenlippen liegen (Abb. 21). Die Taschenlippen oder auch Taschenbänder sind zwei Schleimhautfalten, die hauptsächlich aus Drüsen bestehen und für die kontinuierliche Befeuchtung der Stimmlippen sorgen. Erkranken bei einem Menschen die Stimmlippen so stark, daß sie operativ entfernt werden müssen, so können durch Training die Taschenbänder dazu gebracht werden, auch Laute hervorzubringen, die aber nur sehr tief und rauh und so gut wie gar nicht modulationsfähig sind. Obwohl die Morgagni'schen Ventrikel sehr klein sind, haben sie die wichtige Funktion, den Stimmlippen ihre durchschlagenden (vertikalen) Schwingungen (s. S. 28) ungehindert zu gestatten. Bei ansteigendem Kehlkopf werden sie zunächst verengt, bis sie gänzlich zum Verschwinden gebracht werden können und die Taschenlippen auf den Stimmlippen aufliegen, die durchschlagenden Schwingungen also nicht mehr stattfinden können — wieder ein Beweis für die dringende Notwendigkeit, das Ansteigen des Kehlkopfs zu verhindern.

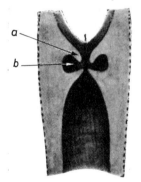

Abb. 21
a) Taschenfalten (falsche Stimmbänder)
b) Morgagnische Tasche

Verfolgt man den Aufbau des Ansatzrohres von den Taschenlippen an senk-

46

recht aufwärts, so ist sein erster größerer Raum der Rachenraum, gemeinhin unterteilt in den Kehlrachenraum, auch Schlund genannt, der von den Taschenlippen bis zur Öffnung der Mundhöhle reicht, an ihn anschließend den Mundrachenraum (pharynx), dem zwar der Abschluß nach vorn fehlt, der aber etwa in Höhe des Zäpfchens zu denken ist, und weiter nach oben der Nasenrachenraum, der durch das Gaumensegel gegen den Mundrachenraum hermetisch abgeschlossen werden kann und in die eigentliche Nasenhöhle übergeht. Diese ist ein kompliziertes Gebilde, mit dem harten Gaumen als Basis, der Nasenscheidewand, die sie zweiteilt und von der auf beiden Seiten je drei knöcherne Wülste (Nasenmuscheln) vorspringen. Zwischen diesen befinden sich die drei Nasengänge – der erste davon zwischen hartem Gaumen und erster Muschel –, durch die einmal die Luft ein- und ausströmen, dann aber auch der Tonstrom hindurchgelenkt werden kann (Abb. 22). Die Hauptaufgabe der Nasenhöhle besteht in der Erwärmung der Einatmungsluft auf etwa Körpertemperatur und in ihrer Säuberung von Staub- und Schmutzpartikeln.

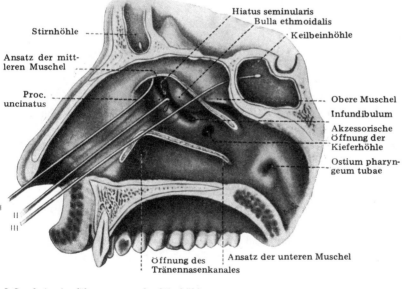

I Sonde im Ausführungsgange der Stirnhöhle
II Sonde im Infundibulum und Kieferhöhlenostium
III Sonde im Ausführungsgang der Keilbeinhöhle

Abb. 22 Nasenhöhlen und Nebenhöhlen

Von der Nasenhöhle durch dünnste poröse Knochenwände getrennt, befinden sich in Höhe der Backenknochen die Kieferhöhlen und in Höhe der Augenbrauen die Stirnhöhlen, kleine Hohlräume, die noch durch die am Hinterkopf gelegene Keilbeinhöhle und die sog. Siebbeinzellen ergänzt werden (Abb. 23). Die beiden letzteren sind für den Singvorgang unbeachtlich, von Kiefer- und Stirnhöhlen wird noch zu reden sein (s. S. 55).

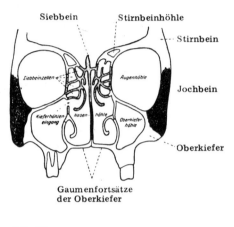

Der größte und bedeutendste Teil des Ansatzrohres ist die Mundhöhle. Ihre Besonderheit gegenüber den anderen Hohlräumen liegt in der ungemeinen Veränderlichkeit ihrer Gestalt auf Grund der Beweglichkeit des Unterkiefers, der Lippen und vor allem der Zunge. Ihre Primärfunktion ist die Zerkleinerung der Speise mittels des Kauens und deren Transport in die Speiseröhre durch den Schluckakt. Die für diese beiden Tätigkeiten benötigten Innervationen sind wie die für die Zungenbeinhebemuskeln (s. S. 41 f) besonders „eingeschliffen", so daß sie sich ebenfalls gern mitbeteiligen, wenn es gar nicht um Nahrungsaufnahme, sondern um das Singen geht. Im Falle der Mundhöhle bewirken sie Spannungen der Unterkiefermuskulatur und vor allem eine rückwärtsziehende Tendenz der Zunge. Beides ist für das Singen höchst nachteilig und muß unbedingt bekämpft werden. Das ist aber viel leichter möglich als etwa die Korrektur von Fehlfunktionen in der Kehlmuskulatur und im Einhängemechanismus, weil der Mensch auf Unterkiefer und Zunge unmittelbar einwirken kann, auf jene aber nicht. Deshalb bietet sich hier auch eine gute Handhabe für die chorische Stimmerziehung, um das Singen der Chormitglieder hygienischer vor sich gehen zu lassen und den Chorklang insgesamt zu verbessern. Die Aufgabe besteht darin, die unerwünschten Muskeltätigkeiten allmählich auszumerzen, indem man z.B. beim Singen des Vokals a den Unterkiefer möglichst rasch ein paarmal hintereinander zwei bis drei Zentimeter nach unten und wieder zurückbewegt, also ganz lose mit ihm klappert – Bewegungen des Unterkiefers nach den Seiten sind nutzlos. Am besten läßt man erst stumm mit dem Unterkiefer klappern und gibt dann den Ton hinzu, wobei die lose Beweglichkeit des Unterkiefers auch nicht im geringsten behindert werden darf. Dies läßt man mehrfach wiederholen, um plötzlich durch Handzeichen die Kieferbewegung zu stoppen: dann darf der Mund nicht aufgerissen werden, sondern der Unterkiefer muß lose in der tiefsten Stellung hängenbleiben, die er beim Klappern eingenommen hatte.

Schon Garcia hat unermüdlich darauf hingewiesen, daß die Mundöffnung nur eine mäßige Weite haben solle, die eher durch ein passives Herabfallen des Unterkiefers zu erreichen sei, als wenn er aktiv herabgezogen wird, er solle sich also etwa so verhalten, wie wenn einem vor Staunen der Mund offensteht bleibt. Eine weitere störende Bewegung ist das Nach-vorn-Schieben des Kinns, bei dem regelmäßig das Kiefergelenk aus der Normallage heraustritt. Dieses Gelenk läßt sich in Höhe des mittleren Ohrknorpels beim Mundöffnen leicht spüren, und der Mund ist dann zu weit offen, wenn es spürbar hervortritt und danach erst mit einiger Mühe wieder in die Normallage zurückgebracht werden muß. Allerdings sind die Menschen an dieser Stelle sehr verschieden gebaut: günstig für das Singen ist eine gewisse Weite, die dann vorhanden ist, wenn sich beim Mundöffnen vor dem mittleren Ohrknorpel eine kleine Delle bildet. Bei anderen, weniger günstig Gebauten tritt der Gelenkknochen sehr schnell aus der Normallage heraus. Statt das Kinn nach vorn zu schieben, soll der Schüler also, besonders bei hohen Tönen, ihm ganz im Gegenteil eine Tendenz nach hinten geben, dann wird es sich jederzeit leicht abwärts und aufwärts bewegen lassen. Oft verhält sich der Unterkiefer bei den verschiedenen Vokalen unterschiedlich, vor allem bei i, das ja eine kleinere Mundöffnung erfordert als das a, verklemmt er sich gern. Dann kann man das lose Klappern durch rasches Singen von ijijiji ersetzen, an das sich unmittelbar ein ausgehaltenes i anschließt.

Die Frage nach der Form der Lippen beim Singen wird verschieden beantwortet, am häufigsten wird ein leichter Lächelzug empfohlen. Hält man sich aber an die Definition eines gut gesungenen Tones, nach der keine Muskelfaser mehr in Tätigkeit treten soll als unbedingt nötig, so erscheint auch dieser Lächelzug überflüssig. Zunächst ist für völlige Neutralität der Lippenmuskulatur einzutreten, so daß also die Lippen auch nicht fest an die Zähne herangezogen werden sollen — am besten steht die Oberlippe in einem kleinen Abstand von diesen. Die Mundwinkel werden sich beim Singen der dunklen Vokale u, ō, ü, ö leicht vorschieben müssen, auch schon bei ŏ, damit sie sich auch dunkel genug einfärben. Aber auch dann sollen die eigentlichen Lippen weich und unverspannt bleiben.

Hartnäckigen Widerstand bietet ihrer Lockerung sehr häufig die Zunge, doch muß sie unbedingt dazu gebracht werden, wenn gutes Singen erreicht werden soll. Die alte Vorschrift zu befolgen, die Zunge habe bei allen Vokalen im Kranz der unteren Zähne zu liegen, genügt oft nicht, weil ihre Rückwärtstendenz sich vor allem in den Muskelfasern des Zungenwulstes und der Zungenwurzel abspielt, während der Vorderteil der Zunge ganz ruhig liegenbleibt. Diesem auch dann sehr hinderlichen Muskelzug, wenn die Stimme keinen ausgesprochenen Knödelklang zeigt, ist schon damit leicht entgegenzuwirken, daß die Zungenspitze beim Vokal a leicht auf die Unterlippe aufgelegt wird, die sich dabei aber nicht einziehen darf. Für ganz schwere Fälle, und die sind nicht selten, empfahl der geniale Berliner Stimmbildner Jean Nadolovitch sogar, die Zungenspitze an die oberen Backenzähne zu legen, so, als ob man eine in ihnen eingeklemmte Fischgräte entfernen wolle, und dann a zu phonieren. Hat man das einige Minuten lang gemacht, ist meist schon bei wieder eingenommener normaler Zungenlage eine deutliche Entspannung in den hinteren Zungenteilen zu spüren, und die Stimme klingt unverkennbar freier und voller.

Am auffälligsten tritt die Rückwärtstendenz der Zunge bei den Vokalen i, $\bar{e}$, $\breve{e}$, ä und $\breve{ö}$ zutage, bei denen auch die Zungenspitze oft sichtlich von den Unterzähnen weg nach hinten rückt. Man kann dem dadurch begegnen, daß man, sofern die Zunge sich bei a korrekt verhält, energisch und rasch a-i-a-i-a-i abwechseln läßt, wobei der Unterkiefer sich aber nicht mitbewegen darf, sondern durchweg die geringe Mundweite des i beibehalten soll. Dadurch entsteht zwar eine unkorrekte Art des a, auf das es aber hierbei gar nicht ankommt. Das Entscheidende ist, daß die Zunge die Bewegung, die sie zur Bildung eines korrekten i machen muß, plötzlich in der richtigen Weise ausführt, indem der hintere Zungenteil aus seiner Flachlage bei a kräftig nach vorn oben schnellt und mit seinen Rändern an die oberen Backenzähne zu liegen kommt. Natürlich tut der Schüler gut daran, bei beiden Vokalen außerdem zu kontrollieren, ob die Zungenspitze dabei durchweg im Kranz der Unterzähne liegenbleibt.

Von dem auf diese Weise erzielten exakten i lassen sich ohne weiteres $\bar{e}$, ü und das geschlossene $\bar{ö}$ ableiten durch Wortbildung wie ,,die Seele‘‘, ,,die Sünde‘‘, ,,die Söhne‘‘. Ist das $\bar{e}$ sehr widerspenstig, kann man es zunächst durch i ersetzen lassen, vor allem bei Schülern mit englischer Muttersprache, die unser geschlossenes $\bar{e}$ nicht kennen, sondern ihm immer ein i nachschicken: away = äwe[1], aber auch bei deutschen, denn i und e sind im Klang dicht benachbart. Für ü genügt es, während ein i erklingt, leicht die Mundwinkel nach vorn zu schieben. Dann erscheint für den Zuhörer ein deutliches ü, das aber den vollen Leuchtwert von i beibehält. Ü kann ebensogut als ein angedunkeltes i verstanden werden wie als ein aufgehelltes u, das leicht zu dumpf klingt.

Auf ähnliche Weise wie bei i kann die Zungentätigkeit bei der Bildung des offenen Vokals ŏ richtiggestellt werden, vor allem wenn er in den so häufigen Vor- und Endsilben erscheint, in denen wir ihn in der Umgangssprache zu verschlucken pflegen: vergessen — vrgessn. Da diese Silben aber im melodischen Bogen voll mitklingen müssen, darf ihr Vokal, für den ich das offene ŏ empfehle, nicht ä, weil es leicht plärrig wirkt, nicht jedesmal dumpf und knödelig klingen. Man leitet dieses ŏ am einfachsten aus dem korrekt gebildeten a ab, indem man wiederum ohne Mitbewegung des Unterkiefers, der die a-Stellung strikt durchhalten soll, energisch und rasch a-ŏ-a-ŏ-a-ŏ abwechselt. Dann wird deutlich fühlbar, daß die Zunge vom a zum ŏ nur einen kleinen Ruck ihres Mittelteils nach vorn macht.

Vervollständigt sei die Behandlung der Vokalbildung durch den Hinweis auf die Diphthonge ei (ai), au und eu (äu). Es sind Doppellaute, bestehend aus einem dominierenden Grundvokal und einem kurz hinterhergeschickten anderen. Bei ei und au hat das reine a fast über die ganze Tondauer zu erklingen, also unbeeinflußt von dem Bewußtsein, daß letzten Endes der Diphthong verstanden werden soll. Ganz am Ende der Tondauer schlüpft dann bei ei ein ganz kurzes offenes ĕ nach (kein i!) und bei au ein ganz kurzes offenes ŏ (kein u!). Der dominierende Vokal von eu ist ein offenes ŏ, dem ebenfalls ein offenes ĕ folgt, kein i. Vor allem aber ist auf größtmögliche Kürze der Nachfolgevokale zu achten.

Die Schwierigkeit, die sich durch die Lockerungsübungen des Unterkiefers und der Zunge häufig ergibt, liegt darin, daß nun auch diejenige Muskulatur der Mundhöhle passiv bleibt, die beim Singen aktiv sein soll, die Rachenmuskulatur. Für den gesamten Schlund und Rachen gilt die Forderung, daß er für das Singen zwanglos geweitet sein soll. Einmal müssen also Verengungstendenzen, die aus der Schluckmechanik herrühren, vermieden werden, andererseits aber auch aktive Weitungsbestrebungen einsetzen. Dafür wird gern das Gähnen als Mustervorgang herangezogen, nur gerät dadurch ein unangebrachter Müdigkeitskoeffizient in den Singvorgang hinein, der ja im Gegenteil immer gesteigerte Aktivität bedeutet, und zweitens hakt das Unterkiefergelenk in der Höhe des mittleren Ohrknorpels mit Sicherheit aus, wenn das Gähnen bis zur Perfektion gebracht wird. Wenn also in diesem Zusammenhang von Gähnen geredet wird, dann höchstens von anfänglichem Gähnen. Es gibt aber einen andern Vorgang des täglichen Lebens, welcher die für das Singen benötigte weite Form des Rachens automatisch herstellt, das ist die Reaktion auf einen zu heißen Speisebissen, der in den Mund geraten ist: dann ziehen sich möglichst große Teile der inneren Mundwandungen von diesem heißen Bissen zurück, um sich nicht an ihm zu verbrennen, und der Unterkiefer sinkt ganz lose herab. Jeder Mensch mit einiger Phantasie kann diesen Vorgang sofort simulieren und sich so das Gefühl von den zwanglos geweiteten Rachenräumen verschaffen.

Besondere Beachtung verdient bei diesen Weitungsbestrebungen der Kehlrachenraum, der Schlund, weil er durch Zungenwurzel und Kehldeckel, die man ja nicht fühlt, besonders großer Gefahr der Verengung ausgesetzt ist. Gibt man hier die Anweisung, daß der Schüler zum Singen nicht primär den Mund, sondern den Schlund öffnen solle, während der Unterkiefer nur nachgibt, so läßt sich meist schon dadurch Besserung erzielen. Dazu hilft weiter die Vorstellung mit, als befinde sich außen am Hals in Schlundhöhe ein Bändchen, das man nach vorn unten ziehen kann, um so den Schlund zu erweitern. Angefügt sei, daß diese Schlundweite auch beim Vokal i beizubehalten ist, der dazu neigt, den Schlund zu verengen. Man benütze ihn nur einmal zum Ausdruck großen Ekels, und man wird das sofort feststellen.

Einen weiteren großen Gefahrenpunkt bildet die Muskulatur des Mundbodens, also des unter der Zunge gelegenen Gebietes zwischen den beiden unteren Ästen der Kieferknochen. Dort und im gesamten Bereich der Zunge überhaupt verläuft eine Unzahl von Muskeln, von denen einige auch am Zungenbein ansetzen und dieses durch ihre Kontraktion nach oben ziehen. Durch den sehr ausgebildeten Schildknorpel-Zungenbein-Muskel folgt dann aber der gesamte Kehlkopf dem Zungenbein nach. Ob diese für das Singen falschen Muskelzüge eintreten, kann jeder leicht fühlen, wenn er den Daumen zwischen die beiden unteren Äste seines Kieferknochens legt (der Lehrer nimmt dazu den Mittelfinger), und zwar am besten, wenn der Mund bereits für den Vokal a geöffnet ist. Der Mundboden wird sich da ganz weich anfühlen. Bleibt er auch bei der Phonation des a weich, so ist alles in Ordnung. Verhärtet er sich aber dann auch nur im geringsten, so bedeutet dies, daß die dort verlaufenden Muskeln unerwünschterweise in Aktion treten. Es gibt Schüler, bei denen schon die Kontrolle mit dem angelegten Daumen genügt, diese unerwünschten Aktionen abzustellen, dann kann es mit häufiger Daumenkontrolle sein Bewenden haben. Oft aber bleibt die Verhärtung unverändert bestehen, und das gibt Anlaß zur Sorge. Schaljapin soll gesagt haben, daß dessen Stimme mit Sicherheit verdorben werde, dessen Mundbodenmuskulatur sich während des Singens versteift. Mittel zur sehr allmählichen Abhilfe ist einmal der vom

Gehirn an die Muskulatur gegebene strikte Befehl, sich nicht zu kontrahieren, weiter eine leichte Massage der verhärteten Partien mit dem Daumen und drittens die Vorstellung, der Ton steige nicht an der vorderen Kehlrachenwand, sondern an der hinteren auf und nehme dann seinen Weg über den Hinterkopf. Diese Korrektur ist um so langwieriger, je stärker die Muskulatur sich verhärtet — es gibt Fälle, bei denen sie das bereits beim bloßen Gedanken an den zu singenden Ton tut! Ob die Korrektur vollkommen gelingt, läßt sich kaum vorhersagen — erstklassiges Singen wird jedenfalls nur dann zu erzielen sein, wenn das Zungenbein nicht nach oben gezogen wird, demnach auch der Schildknorpel-Zungenbein-Muskel passiv bleibt und die den Kehlkopf senkende Muskulatur, so schwach sie auch entwickelt sein mag, in Tätigkeit treten kann.

Besondere Bedeutung kommt auch dem Nasenrachenraum zu. Einmal kann er mit dem Mundrachenraum in vollster Kommunikation stehen wie vornehmlich bei der Ein- und Ausatmung durch die Nase bei geschlossenem Mund, dann aber kann er auch, wie schon erwähnt, gegen den Mundrachenraum hermetisch abgeschlossen werden. Dann spannt sich das Gaumensegel (d.i. der weiche Gaumen mit den beiden Gaumenbögen und dem Zäpfchen) nach hinten oben auf die hintere Rachenwand zu, aus der ihm ein kleiner Wulst, der sog. Passavant'sche Wulst, entgegentritt und mit ihm den Verschluß herstellt (Abb. 24). Dieser Verschluß geschieht automatisch bei allen Lauten unserer

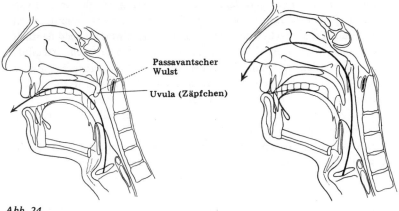

Passavantscher
Wulst

Uvula (Zäpfchen)

Abb. 24

Sprache, also auch den Konsonanten, mit Ausnahme von m, n, ng, die sich ausschließlich in den Nasenhöhlen abspielen, während der Weg durch den

Mund durch beide Lippen oder die Zunge versperrt ist. Bei den nasalierten Vokalen der französischen Sprache dagegen muß der Zugang zum Nasenrachenraum natürlich offen sein. Die im Nasenrachenraum befindliche Luft in die Resonanzmöglichkeiten der Stimme einzubeziehen, ist von hervorragender Bedeutung für den Klang. Paul Lohmann nannte ihn geradezu den „Timbreraum", was besagen will, daß, wenn er einbezogen werden kann, einer sonst uninteressanten kalten Stimme der unverwechselbare Eigenklang erschlossen werden kann, der den höchsten Wert jeder Stimme darstellt. Stimmen, denen er fehlt, pflegen meist auch zu keinem piano fähig zu sein, was physiologisch der Beweis für mangelnde Kopfregisterfunktion ist. Diese wird ebenfalls durch die Benutzung des Nasenrachenraums als Resonanzfaktor angereichert und schließlich zu voller Wirksamkeit gebracht.

Für den Übungsvorgang ist deshalb p die strikte Vorschrift, ganz abgesehen davon, daß die isolierte oder überwiegende Nasenrachenresonanz kaum größere Lautstärken ermöglicht. Man weckt sie, indem man von den Klingern m, n und ng ausgeht, von denen ng sich am deutlichsten in diesem Raum abspielt, während m mehr die Luft im untersten und n diejenige im obersten Nasengang zum Mitschwingen bringt. Man läßt also ng ausgiebig und so klangvoll wie eben möglich summen, damit die Vibrationen im Nasenrachenraum gut gefühlt werden, um dann ganz weich, also ohne daß ein knackender Anlaut entsteht, in einen Vokal überzugehen. Das Gefühl von den Vibrationen im Nasenrachenraum muß sich dann notwendig verringern, da ein Teil von ihnen den Weg über die Luft in der nun geöffneten Mundhöhle nimmt, es soll aber keinesfalls ganz verschwinden. Der Stimmklang wird dann bald deutlich verbessert sein. Wichtig ist dabei, daß für den Vokal nicht mehr Atemluft entweicht als bei dem ng, weil dann entweder der Vokal überhaucht ist oder die Mehrluft in die Nase getrieben wird und statt der nasalen Resonanz ein Näselklang entsteht. Franziska Martienssen-Lohmann überliefert ein sehr schönes Sängerbonmot zu diesem Thema: „Der Vokal soll nie in der Nase sein, aber immer die Nase im Vokal."

Gefährlich ist es, die Nasenrachenresonanz für alle Lagen und Lautstärken einseitig zu bevorzugen und ausschließlich zu trainieren. Das bringt Stimmen leicht um ihre natürliche Kraftentfaltung und verführt zu forcierten Fortes.

Ist das Timbre einmal geweckt und die Pianofähigkeit hörbar im Wachsen, dann lasse man die Frage nach Öffnung oder Verschluß des Nasenrachenraums zum Mundrachenraum getrost auf sich beruhen. Wird nämlich bei Verschluß die Muskulatur im weichen Gaumen gut gestrafft wie beim Gähnen oder im Falle des zu heißen Bissens, bildet er also quasi eine feste Basis für die über ihm befindliche Luft, so wird diese trotz dem Verschluß ebenfalls zum Mitschwingen angeregt, wenn der Tonstrom gegen diese Basis gelenkt wird.

Ob der Sänger den von den Stimmlippen aufsteigenden Tonstrom in verschiedene Richtungen lenken könne, ist eine unter Wissenschaftlern merkwürdig umstrittene Frage. Hat Ernst Barth sie 1911 noch zweifelsfrei bejaht, so glaubte Luchsinger 40 Jahre später feststellen zu müssen: „Die Empfindungen, die auf das Mitfühlen der Schwingungen in verschiedenen Teilen des Stimmsystems, z.B. am harten Gaumen, am Thorax usw. zurückgeführt werden, führen immer wieder zur irrigen Überzeugung, daß die Schallwellen aktiv an diese Stellen des Körpers hingelenkt werden können. Es ist aber falsch, wenn man sagt, daß die Klangwellen durch die verschiedensten Hindernisse z.B. durch den Kehldeckel, durch die Zunge zu den verschiedensten Orten hingelenkt werden." Nun hat aber jeder Singende ganz deutliche Empfindungen davon, wo sein Ton jeweils „sitzt", ja, den richtigen „Sitz" zu finden, ist ein erfolgversprechender Weg sowohl hin zum optimalen Klang wie zur korrektesten und damit ökonomischsten Arbeitsweise der Kehlmuskulatur. Das Prinzip „größte Leistung bei kleinstem Aufwand" sollte jede stimmliche Tätigkeit, also neben dem Singen auch das Sprechen leiten, und das geschieht außer durch die Beherrschung des Atems vor allem durch bestmögliche Ausnutzung der Resonanzen.

Natürlich ist auch der umgekehrte Weg denkbar, mit schärfstem Ohr und entsprechenden Übungsmethoden den Abbau übermäßiger Kehltätigkeit anzustreben, durch den die bestgeeigneten Resonanzen dann von selbst geweckt werden. Man hat das oft damit verglichen, ob einer vom Kapital lebt oder von den Zinsen. Nun steht seit alters fest, daß der beste Sitz der Stimme in den oberen Schädelräumen liegt, daß es also — bleiben wir bei dem erstgenannten Weg der Lenkung des Tonstroms — darauf ankommt, den Ton in die oberen Schädelräume zu lenken und damit die Kopfresonanz zu wecken. Jeder, dem das gelingt, fühlt es unmittelbar in Höhe der Nasenwurzel und hat den Eindruck absoluter Sicherheit für seinen Ton. Man gebraucht oft das Bild, als befinde sich hinter der Nasenwurzel ein Häkchen, in das der Ton quasi eingehängt wird. Was dieses Gefühl hervorruft, ob es die Schwingungen der Luft in den Räumen sind oder Knochenvibrationen, ist dabei für den Sänger ganz gleichgültig. Wenn auch von der Wissenschaft endgültig bewiesen ist, daß die Luft in den kleinen Kiefer- und Stirnhöhlen keinesfalls durch die Tonwellen in Schwingungen versetzt werden kann, so ist und bleibt ein Gefühl, „in die Maske" zu singen, d.h. in die Gesichtsregion, die von der kleinen Faschingsmaske bedeckt wird und hinter der die Nebenhöhlen liegen, das Entscheidende.

Den Eigenempfindungen der Sänger ist Husson in Untersuchungen an den Mitgliedern der beiden großen Pariser Opernhäuser sehr gründlich nachgegangen und hat ihnen in seinem Buch „La voix chantée" ein umfangreiches Kapitel gewidmet. Interessanterweise gewinnt bei ihm der harte Gaumen wieder zentrale Bedeutung, der von dem Begriff der Maske lange verdrängt worden war. Der harte Gaumen ist aber eine so dünne Knochenplatte, daß die darüber in der Nasenhöhle befindliche Luft, ebenso wie die im Nasenrachenraum befindliche bei gespanntem weichem Gaumen, auch in Schwingungen gerät, wenn der Tonstrom an ihn sozusagen anprallt. Husson beläßt es aber nicht dabei, den harten Gaumen schlechthin als Anschlagstelle der Töne zu fordern, sondern er will den Tonstrom darüber hinaus auf einen ganz bestimmten Punkt konzentriert wissen, der hinter den Wurzeln der oberen Schneidezähne liegt und in Frankreich point de Mauran genannt wird nach dem Sänger, der am nachhaltigsten auf die Bedeutung dieses Punktes hingewiesen hat (Abb. 25). Man kann diesen Punkt leicht ertasten, wenn man sich bemüht, genau zu fühlen, wo die Zungenspitze bei der Bildung des Konsonanten L anliegt. Dorthin wäre dann der an das klingend vorausgeschickte L anschließende Vokal ebenfalls zu lenken, was am leichtesten gelingt, wenn man die Verwandlung des L in den Vokal möglichst langsam vor sich gehen läßt. Die Lautstärke-Absicht (s. S. 64) wäre bei diesem Vorgang ein schönes, kerniges Forte. Zweifellos begünstigt dieser Vordersitz in der Mundhöhle die Brustregisterfunktion, die von der Kraft zur Eigenkontraktion (Aktivspannung) des Stimmuskels abhängt (s. S. 31). Stimmen, denen diese Kraft fehlt und die deshalb in der unteren Oktave ihres Umfangs recht schwächlich klingen wie häufig bei Studierenden der Schul- und Kirchenmusik, können in dieser Region durch diese Übungsweise in relativ kurzer Zeit zu wesentlich mehr Klang gebracht werden, ohne daß es die Kehle auch nur im geringsten strapazierte, nur muß auch hier wieder darauf geachtet werden, daß der Vokal nicht mehr Atemluft verbraucht als das L. Als Übungsvokal empfiehlt sich hier das a, das ja dem Brustregister zugehört und deshalb bei brustregisterschwachen Stimmen am wenigsten zu klingen pflegt. Da, wie gesagt (s. S. 52), die Öffnung des Mundes für a am besten als Öffnung des

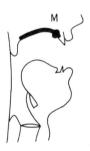

Abb. 25

56

Schlundes mit nachgebendem Unterkiefer vorgenommen wird, ist es förderlich, auch das L mit weitem Schlund zu intonieren, was ohne weiteres möglich ist. Hat sich für das a der Sitz am point de Mauran zuverlässig eingewöhnt, so besteht die weitere Aufgabe einfach darin, mittels dieses guten a auch alle anderen Vokale dorthin zu gewöhnen.

Der gesamte Stimmklang, also das von Husson so genannte timbre extravocalique erhält dadurch eine gewisse Schärfe, was aber nicht klangästhetisch verstanden sein will, sondern so, als ob, aufs Visuelle übertragen, eine an die Wand geworfene Projektion erst unscharf ist und durch geeignete Maßnahmen am Projektor immer schärfer wird. Der in diesem Sinne „scharf" gewordene Stimmklang bildet die Grundlage für die nötige Durchschlagskraft der Stimmen in großen Räumen und insbesondere dem oft recht massiven Orchesterklang gegenüber. Auch hier ist aber davor zu warnen, dieses Prinzip allzu lange ausschließlich zu üben, weil das dahin führen kann, die auch in den tieferen Lagen notwendige Kopfregisterbeimischung zu schwächen, woraufhin der Klang an Wohllaut einbüßt und hart wird. Immer also muß die Verschmelzung beider Register gesucht werden, etwa indem man aus einem pp u crescendierend ein forte a entwickelt, das den point de Mauran treffen und doch nichts von dem Kopfklang des u verlieren soll. Ob sich das a wieder knicklos ins pp diminuieren läßt, erbringt den Beweis für das Gelingen oder Mißlingen des Versuchs. Noch stärker zu warnen ist davor, den point de Mauran über den gesamten Stimmumfang als Anschlagspunkt zu benutzen, wie Husson rät. Weil durch diese Technik die Brustregisterfunktion gefördert wird, erscheint es von vornherein als unlogisch, sie auch in denjenigen Stimmlagen anzuwenden, in denen mehr und mehr Kopfregister auf Kosten des Brustregisters in die gesunde Registermischung hineingehört.

Versuche ergaben auch, daß die Verwendung des point de Mauran bereits beim Übertritt von der tieferen in die höhere Mittellage im Gebiet des Kehlkopfs ausgesprochen unangenehme Empfindungen hervorruft. Von da an ist also der Tonstrom mehr in die Maske zu lenken — bei gesunden und instinktbegabten Stimmen, besonders der Frauen, geht er dann von ganz allein in diese Richtung. Tut er das nicht, dann muß ein allmähliches Anwachsen der Schädelresonanz bei allmählichem Nachlassen derjenigen in der Wölbung des harten Gaumens eigens geübt werden, damit sich nicht von einer gewissen Tonstufe zur chromatisch nächsthöheren der Klang plötzlich auffällig abschwächt. Das ist bei tieferen Männerstimmen leicht zwischen h und cis' der Fall, bei höheren zwischen cis' und dis', bei Frauenstimmen eine Oktave höher. Es bleibe also die point de Mauran-Technik im wesentlichen auf Mittellage und Tiefe beschränkt, etwa von h' bezw. h abwärts, dort kann sie entscheidend dazu beitragen, den Ton substanzreich und stabil zu machen. Immer wieder ist darauf verwiesen worden und muß darauf verwiesen werden, wie wichtig das für die zuverlässige Gesundheit einer Stimme und damit für ihre Lebensdauer ist, denn wenn die tiefere Lage, in der sich die Stimmen ja sehr viel zu bewegen haben (Soubretten!), nicht mit Selbstverständlichkeit aufklingt und der Singende selbst ihre Schwäche spürt, so ist die unausbleibliche Folge, daß er sie mit Gewalt, d.h. durch verstärkten Atemdruck verstärken will, und das verdirbt jede Stimme eher oder später mit Sicherheit.

Den Organen der Mundhöhle obliegt auch die Bildung der Konsonanten an den drei Artikulationsstellen. Artikulation bedeutet hier sowohl Berührung zweier Organteile wie auch nur ihre Annäherung. Die drei Artikulationsstellen bilden sich, von hinten nach vorn gesehen, durch

1) Hinterzunge und weichen Gaumen
2) Vorderzunge und harten Gaumen
3) beide Lippen oder Unterlippe und Oberzähne.

An jeder dieser drei Stellen entstehen zwei Hauptkategorien von Konsonanten: die sog. intermittierenden, die den Luftstrom für einen Augenblick unterbrechen, und die kontinuierlichen, die das nicht tun. Bei den intermittierenden Konsonanten berühren sich die obengenannten Organteile, und es entstehen die Verschlußlaute 1) k, g; 2) t, d; 3) p, b. K, t, p werden als stimmlose, b, d, g als stimmhafte Verschlußlaute bezeichnet, je nachdem, ob bei ihrer Bildung die Stimmlippen Tonwellen aussenden oder nicht. Ich habe aber nie feststellen können, daß in unserer Sprache b, d, g stimmhaft seien, und bevorzuge deshalb die Unterscheidung zwischen harten und weichen Verschlußlauten. – Nähern sich die unter 1), 2), 3) genannten Organteile einander nur an, so kann der Luftstrom zwischen ihnen geräuschhaft entweichen, und es entstehen die sog. Reibelaute, diese nun rechtens in stimmlose und stimmhafte unterteilt: 1) ch, j, 2) stimmloses und stimmhaftes s, 3) f, w. Das Deutsche kennt zwei Arten, das ch auszusprechen, allgemein als ich-Laut und ach-Laut bezeichnet, während der stimmhafte Reibelaut an der ersten Artikulationsstelle im Französischen deutlicher zur Geltung kommt: village, orange.

Eine weitere Kategorie sind die nasalen Klinger 1) ng, 2) n, 3) m, bei denen Luft wie Klang den Weg ausschließlich durch die Nase nehmen, was man kontrollieren kann, indem man sich die Nasenlöcher zuhält. An der zweiten Artikulationsstelle wird auch das vollklingende L gebildet sowie das meist stimmhafte Zungen-r, bei dem die Zungenspitze flattert. Die erste Artikulationsstelle wird für das Gaumen-r benutzt, das aber beim Singen von deutschem Text nur verwendet werden sollte, wenn es in Vor- oder Nachsilben erscheint, weil die Aussprache bei allzuviel schnurrendem r leicht manieriert wirkt. Es wird dann eigentlich auch kein Gaumen-r mehr gebildet, sondern das r verschmilzt nahezu mit dem vorausgehenden ě, aber jeder deutsche Zuhörer versteht Worte wie ihr, Vater, Mutter, gestern oder den Artikel der auch bei solcher Behandlung des r ohne weiteres, und darauf kommt es ja bei der Aussprache im Singen einzig an. Sonst aber muß Zungen-r verwendet werden, soll die Textdeutlichkeit nicht empfindlich leiden: rot, warum, Berg, darf usw.

Ganz allgemein gilt für die Behandlung der Konsonanten beim Singen die Grundregel: man spreche sie so kurz wie möglich und so deutlich wie nötig. Praktisch heißt das: man werfe alle aufeinanderfolgenden Konsonanten gebündelt vor den kommenden Vokal, damit der vorangehende in der ganzen Länge seines Notenwertes klingen kann und nicht vorzeitig abgewürgt wird, also in dem Brahms-Lied „O wüßt ich doch den Weg zurück" folgendermaßen: O-wü-ßti-chdo-chde-nWe-gzurück". Bei bloßem Sprechen sind die Artikulationsorgane dauernd in Bewegung, im melodiösen Singen aber dominieren die statischen Vokale, d.h. der Mund behält die Form für die jeweiligen Vokale so lange, wie ihre Notenwerte es erfordern, unverändert bei, weil nur so melodische Phrasen als solche wiedergegeben werden können und nicht in Einzeltöne zerfallen.

Das Rezitativ wiederum steht dem reinen Sprechen viel näher. Man kann sich das variierende Verhältnis zwischen Vokalen und Konsonanten wie eine Pendelbewegung zwischen zwei Polen vorstellen: hier das reine Sprechen ohne Gesang, dort das reine Tönen ohne Text. An welcher Stelle der Skala zwischen diesen beiden Polen das Pendel zu stehen hat, ergibt sich aus der jeweiligen Aufgabe: bei melodiösem, ariosem Singen wird es wesentlich dem reinen Tönen zuneigen, beim Rezitativ dem reinen Sprechen. Balladeske Stücke und überhaupt alle solistische Vokalmusik, bei der dem Text hervorragende Bedeutung zukommt (Vier Ernste Gesänge, Hugo Wolf, Richard Wagner) werden schärfere Deklamation verlangen, das Pendel wird also etwa in der Mitte der Skala stehend zu denken sein. Es handelt sich stets um ein mehr oder weniger in fein abgestuften Graden.

Mangelhafte Textdeutlichkeit beim Singen kann sicherlich durch das Üben exakter Konsonantbildung verbessert werden, im Falle von eingewöhntem und auch beim Sprechen auftretenden Lispeln muß dies sogar geschehen. Der Konsonant s, stimmhaft wie stimmlos, wird korrekt gebildet durch leichten Überbiß (die Oberzähne stehen vor den Unterzähnen), leichtes Lächeln und ein wenig von den Unterzähnen zurückgezogene Zunge. Die Zungenspitze darf sich nicht zwischen die Zahnreihen schieben!

Am häufigsten ergibt sich mangelhafte Textdeutlichkeit aus mangelnder geistiger Erfassung des Textinhalts. Im allgemeinen pflegen ja, besonders in den Anfangsstadien der Gesangsausbildung, die Schüler die Worte nur so nebenher laufen zu lassen, während ihre Aufmerksamkeit vornehmlich auf die Tonbildung gerichtet ist. Dieser Tatbestand muß sich von einem gewissen sängerischen Fertigkeitsgrad an umkehren: der Singvorgang hat sich mehr und mehr zu automatisieren und die Aufmerksamkeit sich zunehmend dem Textinhalt zuzuwenden. Wenn das gelingt, ist oft zu beobachten, wie erstaunlich die Textdeutlichkeit wächst. Doch gehört das eigentlich schon ins nächste Kapitel.

Der Nervenapparat

Von den vielerlei Arten von Nerven, über die der menschliche Organismus verfügt, interessieren hier vor allem zwei: einmal die sog. sensorischen Nerven, die Sinneseindrücke von außen, aber auch innerkörperliche Empfindungen zum Gehirn leiten, wo sie wahrgenommen werden; und zweitens die motorischen Nerven, über welche die Antriebe zu jeder bewußten Aktivität an die zu ihrer Ausführung benötigten Organe, hauptsächlich an die Muskulatur, geleitet werden. Die Befehle für die jeweiligen Aktivitäten gehen vom Gehirn aus, in dem die Ursprünge der Nerven, ihre Kerne liegen. Beide Arten von Nerven sind für die Gesangsausbildung von größerer Wichtigkeit, als weithin angenommen wird.

Von vielen der sensorischen Nerven gerade für innerkörperliche Empfindungen und Vorgänge wird im alltäglichen Leben so wenig Gebrauch gemacht, daß der Eindruck entsteht, sie wären gar nicht vorhanden. Es ist aber eine nahezu unentbehrliche Hilfe für die Stimmbildung, möglichst viel von dem, was beim Singen im Körper geschieht, deutlich wahrnehmen zu lassen, im Schüler die Empfindsamkeit dafür zu wecken. Das geschieht mittels der vollen Konzentration auf dasjenige, worauf es im Verlauf des Übens jeweils besonders ankommt. Ich verweise auf den häufigen Luftstau im oberen Brustkorb (s. S. 20), den der Schüler zuerst einmal wie einen Kloß von Luft an dieser Stelle fühlen muß, um ihn beseitigen zu können. Nicht weniger wichtig ist das Empfinden für die jeweilige Beschaffenheit von Mundhöhle und Rachen, insbesondere für deren Enge oder Weite. Und letztlich müssen natürlich die Resonanzräume gut erfühlt werden, um den Tonstrom in den jeweils gewünschten lenken und kontrollieren zu können, ob er auch wirklich dort ankommt. Franziska Martienssen spricht von der ,,Bereitstellung der Resonanzräume", und das kann nichts anderes heißen, als daß sie gut vorausgefühlt werden sollen, ehe der Tonstrom dahin gelenkt wird. − Nicht sensorisch innerviert sind Kehlkopf und Zwerchfell.

Volle Konzentration also auf die verschiedenen Körperregionen, in denen sensorische Nerven verlaufen, kann ihre Kerne wieder bereit machen, deren

Signale deutlich zu registrieren. Konzentration aber setzt waches Bewußtsein voraus, und gerade damit ist es bei den meisten Sing-Anfängern, was ihr Singen anlangt, schlecht bestellt. Das hat wiederum eine physiologische Gegebenheit zur Ursache. Der Sitz des Bewußtseins liegt im Großhirn und in der Hirnrinde, dem obersten Teil des Gehirns, der von allen Säugetieren einzig dem Menschen voll ausgebildet zur Verfügung steht. Außer für die Wahrnehmung innerkörperlicher Vorgänge über die Bahnen der sensorischen Nerven sind aber volle Wachheit des Bewußtseins und dadurch ermöglichte Konzentration für die Tätigkeit der motorischen Nerven von höchster Bedeutung.

Der Nerv, der die vom Gehirn ausgehenden Antriebe zum Singen an den Kehlkopf leitet, wird nervus recurrens genannt. Er verläuft zunächst gemeinsam mit dem starken und äußerst wichtigen nervus vagus, zweigt sich aber von diesem nach Eintritt in die Brusthöhle ab, um zum Kehlkopf zurückzulaufen — daher re-currens. Was er vor allem dem Stimmuskel mitteilt, ist die beabsichtigte Tonhöhe, woraufhin der Muskel den für diese Tonhöhe benötigten Spannungsgrad annimmt und die entsprechende Schwingungszahl vorbereitet. Nun gehen aber die Antriebe zum Singen, die den Kehlkopf zu den notwendigen Aktivitäten veranlassen, primär nicht von der Hirnrinde, sondern von einem tiefer und sehr versteckt gelegenen Teil des Gehirns aus, dem limbischen System, welches das Zentrum auch für Gefühlsregungen ist. Das nimmt nicht wunder, denn tönende Äußerungen sind in der Welt der Säugetiere stets Ausdruck von Gefühlsregungen wie Hunger, Brunst usw. Auch der Mensch (nicht der Sänger!) äußert sich singend ja dann, wenn ihm gefühlsmäßig danach zumute ist, und er hat für dieses Tun keinerlei Bewußtheit. So auch normalerweise zunächst derjenige, der seine Stimme ausbilden lassen und möglichst Sänger werden will. Wiederum ist es ein Gradmesser für die Begabung der einzelnen, inwieweit ihr Bewußtsein beim Singen und für ihr Singen wach bleiben kann. Gemeinhin ist nicht übertrieben zu sagen, daß es mit dem Erklingen des ersten Tones vollkommen ausgeschaltet ist.

Zur Illustration dessen eine kleine, selbst erlebte Geschichte, deren Grundtatbestand mir seither unzählige Male bestätigt worden ist: ein sogar schon etwas fortgeschrittener Schüler hatte sich in einer Arie eine gänzlich sinnlose Textzeile eingelernt (s. dazu S.60). Schon daß das geschehen konnte, ohne daß er es merkte, spricht für sich. Ich korrigierte ihn, er wollte gar nicht glauben, daß ihm derlei passiert war, und begann das Stück von vorn. Im 11. oder 12. Takt kam die bewußte Stelle, und er sang sie genau so falsch wie beim erstenmal! Wenn das bei Textworten möglich ist, wieviel mehr erst bei muskulären Vorgängen.

Es ist aber physiologisch möglich, mit vollem Bewußtsein zu singen, weil sich mit dem Aufbau von Großhirn und Hirnrinde dort neue Nervenkerne bildeten, bis zu denen sich die Nerven verlängerten, die vordem in tieferen Schichten endigten. Diese tiefer gelegenen Nervenkerne behalten jedoch trotzdem ihre Fähigkeit, von sich allein aus den Nerv zur Weiterleitung von Antrieben anzureizen wie im Fall des limbischen Systems.

Automatisch, also ohne daß das Bewußtsein ausdrücklich beteiligt wäre, geht in den höheren Gehirnschichten das sofortige Nachsingen vorgegebener Tonhöhen vor sich — eine Fähigkeit, die sonst keinem Säugetier gegeben ist —, aber hier bereits trifft man auf Unterschiede der Exaktheit der Intonation. Das bezieht sich nicht so sehr auf die Frage des Zu-hoch- oder Zu-tief-Singens — daran können auch ganz andere Ursachen schuld sein —, wie auf die Frage, ob z.B. beim Toneinsatz die Tonhöhe sofort genau getroffen oder von unten angeschoben wird, ob die Intervalle einer Phrase rein erklingen oder durch unbewußte Portamenti ausgefüllt werden usw. Solche Nachlässigkeiten können nur dadurch ausgemerzt werden, daß man auf ganz exakte Intonation konzentriert bleibt und Intervall für Intervall bewußt „greift" wie ein Geiger auf seinem Griffbrett. Von unten angeschobene Toneinsätze in höheren Lagen rühren oft von Unfertigkeiten und Schwerfälligkeiten der Kehlmuskulatur her, die nun wiederum durch den Zwang zu genauer Intonation sehr wirkungsvoll bekämpft werden.

Besonderen Gewinn bringt klares Vorausdenken für das sichere und zwanglose „Greifen" hoher Töne, die oft deshalb mißlingen, weil sie nicht rechtzeitig einkalkuliert werden. Dann geraten die dem hohen Ton vorangehenden Töne meist zu dick, und der Stimmuskel wird durch den hohen Ton und die durch ihn geforderte besondere Spannung sozusagen überrascht. Weiß aber das Gehirn möglichst frühzeitig, daß der hohe Ton bevorsteht, dann, kann man wirklich sagen, weiß es auch der Muskel, er bewahrt sich seine Elastizität und gibt die neue Spannung zwanglos her.

Das genaue Bewußtsein von den Tonhöhen ist aber nur ein Teil dessen, was umfassend Klangvorstellungsvermögen heißt. Es bildet das Gegenstück zu der Fähigkeit auf visuellem Gebiet, etwas „vor sein geistiges Auge stellen" zu können: der beabsichtigte Klang soll, bevor er produziert wird, mit dem geistigen Ohr in seiner ganzen Beschaffenheit vorgehört werden, ein Appell also an eine möglichst differenzierte Klangphantasie, die ihren Sitz ebenfalls in den oberen Gehirnschichten hat und ohne die von sängerischem Künstlertum nicht die Rede sein kann — das aber sollte doch das eigentliche Ziel jeder Ausbildung zum Sänger sein! Die bestens funktionierenden Körpervorgänge bei der schieren Tonbildung bilden nur eine Voraussetzung dafür, eine conditio sine qua non. Es ist wiederum das große Verdienst Hussons, auf die fundamentale Bedeutung der Mittätigkeit des Gehirns beim Singen hingewiesen zu haben, er stellte den lapidaren Satz auf: „Mit seinem Kehlkopf macht der Mensch Geräusch, er spricht und singt mit seinem Gehirn."

Diese Vorstellungskraft gilt es zu entwickeln und bis zu größtmöglicher Verfeinerung zu steigern — ein mühsames und langwieriges Beginnen, das vom Schüler sehr viel Selbstdisziplin verlangt, weil er selbst möglichst sofort merken soll, wenn sein Bewußtsein wieder aussetzt. Besonders im Hinblick auf die Stärkegrade ist klares Vorstellungsvermögen notwendig. Die große Zahl derer, denen es immer nur auf äußerste Lautstärken ankommt, verfügt fast gar nicht darüber, sie haben auch von diesem Fortissimo keine eigentliche Vorstellung, sie geben nur unentwegt alles her, „was drin ist". Zu leiserem Singen (nicht Gesäusel!), zu dolce-Qualitäten haben sie gar kein inneres Verhältnis, obwohl, wenn ihre Fortes gesund und nicht forciert sind, die Muskulatur die schwächeren Stärkegrade ohne weiteres hergäbe. Hier hilft nur die geduldige und stets ins Üben mit einbezogene Bemühung um richtige Vorstellung.

Umgekehrt ist es sehr ähnlich: Zartheitsfanatikern fehlt oft die Vorstellung von gesunder Kraft im Ton, sie fühlen sich bei jedem f gleich zum äußersten und damit zu übertriebener Kraftentfaltung veranlaßt. Beide Typen leben nur im Pauschalbewußtsein von laut und leise, der dynamischen Extreme also, die man etwa mit fff und ppp bezeichnen könnte. Der wesentlich geringere Unterschied zwischen einfachem f und p ist ihnen gar kein Begriff, ebenso nicht das mf, die eigentliche Normallautstärke, die genau die Mitte zwischen laut und leise hält und von der man ins Leisere zurückgehen oder ins Lautere steigern kann. Gutes Vorsingen dieser Nuancen von seiten des Lehrers (am günstigsten, wenn er ins gleiche Stimmfach gehört wie der Schüler), auch konzentriertes Abhören von entsprechenden Schallplatten kann hier viel nützen. Die Gehirntätigkeiten werden sich um so besser entfalten, je mehr körperliche Überaktivitäten abgebaut werden. Am Ende soll sich der Sänger nur noch wie der Kapitän auf der Kommandobrücke fühlen: er gibt lediglich möglichst genaue Befehle, die von seinen dienstbaren Geistern durch die nötigen Maßnahmen ausgeführt werden, aber er steigt nicht selbst in den Maschinenraum hinunter und hilft schaufeln!

Das Training des wach bleibenden Bewußtseins beginnt am vorteilhaftesten nicht nur mit, sondern vor dem Üben. Meist geht es doch so vor sich, daß der Übende frohgemut loslegt und abwartet, was kommt. Dann ist schon viel gewonnen, wenn er das, was kommt, wenigstens einigermaßen selbst beurteilen kann — auch das eine Fähigkeit des kontrollierenden Bewußtseins, ohne die jegliches Üben fragwürdig ist. Die nützlichere Grundeinstellung ist diejenige, die sich vor Beginn jeder Übungsreihe genau besinnt, worauf es bei ihr ankommt, *wie* sie also ausgeführt werden soll, denn jede Tonfolge kann sängerisch richtig oder falsch ausgeführt werden. Und dann soll das, worauf es ankommt, ganz stark gewollt, vom Kapitän also absolut deutlich und unmißverständlich kommandiert werden. Die Kontrolle über Gelingen oder Mißlingen kommt dann selbstverständlich auch hier hinzu. Aber gehen die geistige Anstrengung dieser Besinnung und dieser klare Wille voraus, so ist dem Gelingen viel eher der Weg geebnet, als wenn gar nichts oder nur Unscharfes gewollt wird.

Verzeichnis der Abbildungen

Nachstehende Abbildungen stammen aus folgenden Werken:

Nr. 1, 11, 12, 18, 21 aus HUSLER/RODD-MARLING, SINGEN. Die physische Natur des Stimmorganes. Verlag B. Schott's Söhne, Mainz, 1965.

Nr. 2, 3, 5, 6, 8, 9, 10, 24 aus Dr. ERNST BARTH, Einführung in die Physiologie, Pathologie und Hygiene der menschlichen Stimme. Verlag Georg Thieme, Leipzig, 1911.

Nr. 4, 13, 25 aus HUSSON, La voix chantée. Verlag Gauthier-Villars, Paris, 1960.

Nr. 7, 22 aus FALK, Einführung in die Hals-Nasen-Ohren-Heilkunde, 3. Aufl., Georg Thieme Verlag, Stuttgart, 1971.

Nr. 14, 15, 16, 17, 19, 20, 23 aus RUTH, Das Wesentliche des kunstgerechten Singens, unveröffentlicht.

Die Verlage haben dankenswerterweise den Nachdruck der Abbildungen genehmigt.

Personen- und Sachregister

Abschwellen des Tones 20, 37
Aktivspannung d. Stimmuskels 31,
    33, 56
Alveolen 13
Ansatzrohr 46ff
Atembewegungen, akzessorische 18
Atembewegungen, paradoxe 21f
Atemdruck 19, 33, 36, 42, 58
Atemkorrekturen 17f
Atemmengen 16
Atemtypen 15f
Ausatmung 18ff
Aussprache 59

Barth, Ernst 7, 41f, 45, 55
Bauchdecke 9, 14, 16ff, 21
van den Berg, holländischer Physio-
    loge 29
Bronchialbaum 13, 22
Brustbein 41
Brustkorb 10, 12, 20, 55
Brustregister oder Bruststimme 29f,
    37, 45, 56f

Caruso, Enrico 41
crescendo 33f, 37

Decken 35, 37
decrescendo 33f

Durchschlagskraft d. Stimme 57

Einatmung 14ff, 19f
Einhängemechanismus 40f, 48
Ellbogen 9
Ergänzungsluft 16

Falsett 29, 43
Fistel 29
Fröschels, Emil 38

Gähnen 51
Garcia, Manuel 27, 49
Gaumen, harter 47, 55f, 58
Gaumen, weicher 54, 58
Gaumensegel 47, 53
Gehirn 53, 61ff
Gesichtsausdruck 10
Glottis s. Stimmritze
Glottisschlag 26ff, 42

Hände 9
Hecheln 17
Husler, Fred 7, 31, 40
Husson, Raoul 7, 19f, 35, 56f, 64

Indispositionen 27
Intonation 63
Iro, Otto 7, 22, 31, 34

69